... IM FLIEGENDEN
WECHSEL

D1665733

ANNA SPERK

... IM FLIEGENDEN WECHSEL

Geschichten aus dem Prekariat

mitteldeutscher verlag

den Träumenden ...

War sie es? Oder war es nur eine zufällige Namensähnlichkeit? Dass sie eine Brille trug, hatte er ganz vergessen. Aber ja doch, es war eine schwarz umrandete Nickelbrille gewesen, die sie keck auf der kleinen, doch etwas zu breit geratenen Nase trug. Auch auf diesem Foto verschwanden die schmalen Gläser fast in ihrem Gesicht, gingen in ihren weiblichen Zügen auf. Die Haare, lang und blond, trug sie zusammengebunden, aber nun scheinbar gesträhnt. Diese Auffrischung hatte sie als junges Mädchen nicht gebraucht – dunkelblond und üppig war ihre Mähne gewesen. Die Fülle des Haars überraschte ihn noch heute. Obwohl streng nach hinten gekämmt, sträubten sich kräftige Locken aus dem Haarbund. Nur fraulicher war sie geworden, wenn sie es war, jetzt, mehr als zwanzig Jahre später. Er sah nach ihrem Geburtsdatum. Wenn sie einundvierzig Jahre alt war, dann muss sie damals neunzehn gewesen sein. Und noch einmal las er ihren Namen. »Juliane Katz« stand da. Jule, so hatte man sie genannt, damals Anfang der Neunziger.

Verstört ließ er die Bewerbung sinken. Das Mädchen von einst war also Ergotherapeutin geworden und hatte sich auf die freie Stelle hier an der Klinik beworben. Johann Birkholz lehnte sich zurück und strich mit der Hand über seinen kurzgeschorenen Kopf. Kurz streifte sein Blick den blauen Himmel über den Fensterfronten des Hauses gegenüber. Er seufzte, bevor er sich wieder über die Bewerbung beugte. Wie konnte er begreifen, dass sie ihm hier in Solau – nicht etwa in Linden, wo er sie einst umarmt hatte – wiederbegegnete, falls sie es war? Er wusste es immer noch nicht, war sich nicht sicher, zweifelte und dachte doch, sie war es. Sie musste es sein. Ob sie sich erinnerte? Konnte sich ein Mensch an ein einzelnes, völlig nebensächliches Ereignis vor mehr als zwanzig Jahren erinnern, selbst wenn man sich umarmt hatte? Was waren heute schon Umarmungen? Für Jule musste die Begegnung ein zufälliges Treffen wie jedes andere gewesen sein. Nur er, er würde es nie vergessen, damals am Tag vor der OP.

Johann Birkholz sah noch genau das abgeranzte Treppenhaus vor sich, in das er eilig gerannt war, die schiefe Eingangstür, der offene Kellerzugang, die abgeschabten Wände, in der Putzlöcher klafften. Die Sprossen des Geländers hatten zum Teil gefehlt. Ein besetztes Abrisshaus mitten in der Innenstadt von Linden war es gewesen, Herberge für Menschen, die um jeden Preis anders leben wollten als der Rest der Gesellschaft. Doch er hatte dafür keinen Sinn gehabt. Unglaublich peinlich war sein Zustand gewesen, das fühlte er noch heute.

Weil er durch eine Operation seine Mannhaftigkeit mit großer Wahrscheinlichkeit verlieren würde, hatte er verzweifelt eine Freundin aufgesucht, um mit ihr noch einmal denjenigen Akt zu vollziehen, auf den er sein weiteres Leben würde verzichten müssen. Wie ein Triebtäter hatte er sich gefühlt, als er sie bedrängte. Doch sie hatte ihn nur schallend ausgelacht, während ihm die Tränen aus den Augen liefen. In diesem Zustand völliger Verzweiflung, mit betäubenden Schmerzen im Körper hatte er ihre Wohnung wieder verlassen und war – Stufe um Stufe – langsam die Haustreppe hinuntergestiegen, als ein junges Mädchen an ihm vorbei, immer zwei Stufen, hinaufhüpfte. Er spürte den Luftzug ihres kornblumenblau gefärbten, hauchdünnen Rocks, während sie an ihm vorbeihuschte, und hörte die leisen Tritte der Sandalen auf dem knarrenden Holz.

»Warte mal!«

Plötzlich hielt ihn eine Stimme fest. Tatsächlich, keine Tritte mehr, stattdessen ein leises Knarzen der Treppe, als er sich umdrehte und den Kopf zu ihr emporhob. Er sah in die blauen Augen hinter den Gläsern der Nickelbrille, in das gebräunte

Gesicht, umrahmt von der lockigen Haarpracht. Die Züge verspielt herb, ein knabenhaftes Mädchen, das ihn aufmunternd anstrahlte.

»Du siehst aber traurig aus.«

Die leicht dahingesagten Worte ließen ihn noch heute zittern. Ja, aber er war nicht einfach nur traurig gewesen. Sein Innerstes pulsierte von einer unerträglich stumpfen Ohnmacht, die ihm den Atem nahm. Morgen – schon morgen – würde er kein Mann mehr sein, und Lena hatte ihn abgewiesen. Er wusste nicht, was schlimmer war – der Liebeskummer, der sich aus ihrer hoffärtigen Art speiste, oder die Angst vor der Aussichtslosigkeit der Zukunft. Schließlich konnte doch jeder, den Liebeskummer plagte, sich mit wenigstens einem Gedanken trösten: Eine nächste Liebe würde kommen. Nur er konnte das nicht. Er würde die Liebe nicht mehr erfüllen können, sie – Lena – war seine letzte Chance gewesen.

Und nun stand er in dem schimmlig riechenden Hausflur einem Mädchen gegenüber, das langsam eine Stufe nach der anderen abwärtsschritt und dabei einen Druck in seinem Inneren auslöste, als würde sie eine Bugwelle vor sich herschieben. Er spürte geradezu die Luft, die sie mit jedem Schritt, den sie vorsichtig nähertrat, zwischen ihnen beiden zusammendrückte; und er ahnte, es war die Angst, seine Angst.

»Komm, ich umarme dich!«, hatte sie gesagt. Johann musste die Augen schließen, als sie ihre Arme um seinen Oberkörper schlang und sich fest an ihn drängte, bis er ihre Umarmung erwidern konnte; und so standen sie eng umschlungen in der Hausruine, was so gar nicht seine Art war.

Während er ihren Körper spürte, die Wärme, die er ausstrahlte, die weichen Rundungen einer Frau, wusste er, dass Lena Recht gehabt hatte. Er passte nicht in dieses Haus, war kein Hausbesetzer, der ein Leben mit Zigaretten und Alkohol oder gar Schlimmerem führte. Wenn Lena hier wohnte, dann passte auch sie nicht zu ihm. Doch dieses Mädchen, wie war sie hierher geraten? Sie schien nicht so oberflächlich, wie ihre Umgebung vermuten ließ; oder war es eine Art freie Liebe der Hippiezeit, die sie bewog, ihn – einen völlig Fremden – hier zu umarmen? Nein, sie wirkte ernsthaft und tief, hätte sie sonst seinen Schmerz erkannt? Würde sie ihm sonst Trost spenden? Und während er darüber nachsann, was die Fremde wohl zu ihrer Geste bewogen hatte, fühlte er, wie ihre Innigkeit in seine wunde Seele floss. Er spürte, wie sich der Schmerz beruhigte und sich die Krämpfe, die seinen Körper schüttelten, zu entspannen schienen.

»Du fühlst dich gut an«, flüsterte sie, und er suchte mit dem Mund nach ihrem Hals, worauf sie erstarrte und sich spürbar von ihm lösen wollte, doch er hielt sie fest.

»Ich bin Christ«, sagte er und dachte: ›Gott hat mir einen Engel geschickt‹; und es verdross ihn überhaupt nicht, als sie auflachte, auch nicht, als sie offensichtlich konterte: »Und ich bin Kommunistin«. Er musste selbst lachen über die Naivität beider Worte und ertrug es nun, dass sie sich von ihm löste.

»Was machst du in diesem Haus?«, fragte er, als wäre die Klärung dieser Frage wichtiger als seine eigenen Probleme.

»Ich wohne hier«, erwiderte sie mit einer Geste, als wolle sie ihm einen Palast zeigen. Doch er folgte ihrer Geste nicht, stattdessen brach sein Wunsch aus ihm heraus: »Nimm mich mit zu dir.«

Das Mädchen kicherte nur.

»Bitte.«

»Nein.« Sie schüttelte den Kopf. »Du bist mir zu gefährlich. Und außerdem lebe ich in einer überaus glücklichen Beziehung.«

Bei diesen Worten tanzte sie fast vor ihm, der seine Blicke von ihrem strahlenden Gesicht nicht lösen konnte. Ja, so sah ein glücklich verliebtes Mädchen aus. Doch der Schmerz über die erneute Abweisung stellte sich nicht ein, stattdessen musste er grinsen und erklärte: »Du wirst es bereuen, morgen schon kann ich dieses Angebot nicht mehr einlösen.«

»Dann schon gar nicht, für eine Nacht bin ich nicht zu haben.«

»So meine ich das nicht ...« Doch das Mädchen winkte ab und hüpfte die Treppen weiter hinauf, während er befreit und erlöst von dannen zog. Noch am nächsten Tag, als er auf dem OP-Tisch seine Narkose erhielt, trug er dieses Glück in sich.

Und jetzt? Wieder und wieder sah er das Foto an, eine Frau also, auch er war zwanzig Jahre älter geworden, und sein Leben hatte sich wieder geordnet. Die fehlenden Hormone hatten ihn fast alle Haare gekostet, doch er war wieder auferstanden. War er jetzt in der Situation, ihr helfen zu können? Kurz wanderten seine Gedanken zu Klara, seiner Lebensgefährtin, mit der er sich – nach Jahren des Junggesellendaseins – eine gemeinsame Zukunft vorstellen konnte. Dann dachte er wieder an Jule. Er hatte Monate später ihren Namen von Lena erfragt, danach war er nicht wieder in jenem Haus gewesen. Doch vergessen hatte er Jules rettende Umarmung nicht.

*

Sie hatte es geschafft – nach einer Umschulung hatte Jule endlich einen Job gefunden, mit dem sie ihre Kinder ernähren konnte. Sie würde nun in dieser Klinik als Ergotherapeutin arbeiten und endlich Ruhe in ihr Arbeitsleben bekommen, nachdem sie erfolgreich studiert, dann aber arbeitslos mit ihren Söhnen von Hartz IV hatte leben müssen. Diese Ruhe und ein gewisses Maß an Zuverlässigkeit brauchte sie, seit sie Mutter geworden war. So sehr sie ihre turbulente Jugend genossen hatte – jetzt galt Sicherheit vor Abenteuer, wenigstens so lang, wie sie noch brauchte, um sich ihren Traum zu erfüllen, als

Schriftstellerin Fuß zu fassen. Das brauchte Geduld, und auch in der Zwischenzeit mussten sie überleben. Denn während sie in ihrer Jugend fast ausschließlich ihren Träumen gefolgt war, hatte sie nun Verantwortung für zwei Kinder. Das hieß – neben der Erfüllung der eigenen Wünsche –, erst einmal ein Einkommen zu erwirtschaften, einen Job zu finden, von dem sie alle drei leben konnten.

Und nun stand sie Johann Birkholz gegenüber, der irgendwie aufgeregt schien, obwohl der Gang durch die Stationen der Klinik für ihn doch Routine sein sollte. Sie war schließlich nicht die Erste, die er hier einstellte. Doch während er Jule durchs Gelände führte, schien er sie irgendwie zu meiden, ja, er schien an ihr vorbeizusehen und vorbeizureden. War das eine Art oberflächlicher Kollegialität, die kein Interesse am Menschen, sondern nur an seiner Arbeitskraft hatte? Oder war es etwas anderes? Jedenfalls zeigte sein Verhalten, dass er keine Nähe duldete. Ein ungutes Gefühl kroch in Jule hoch: Sie hatte ihm doch keinen Anlass gegeben. Und doch, er unterstellte ihr etwas, und was er ihr unterstellte, das begann sie zu ahnen. Wieso gleich am ersten Tag? Sah man ihr an, dass sie alleinerziehende Mutter war?

So wie Johann Birkholz sie behandelte, so hatte sie selbst oft Männer behandelt, bei denen sie mehr Gefühle vermutete, als ihr lieb waren. Johann Birkholz unterstellte ihr Gefühle, aber noch einmal: Wieso auf den ersten Blick? Sie kannten sich doch gar nicht. Oder hatte er schlechte Erfahrungen mit Frauen gemacht? Jule beschloss, Distanz zu wahren, nicht auf ihn zuzugehen oder gar um seine Sympathie zu werben. Stattdessen wollte sie Grenzen ziehen. Sie würde nicht viel mit ihm zu tun haben, hatte man ihr schon im Bewerbungsgespräch gesagt; und das schien ihr bei seinem Verhalten auch das Beste. Deshalb betrat sie nicht neben ihm die Kinderstation, sondern schritt hinter ihm her. Die Tatsache, dass er ihr nicht die Tür aufhielt, sodass sie fast vor ihrer Nase zuschlug, bestätigte sie in ihrem Vorsatz. Die Tür, die sie gerade noch aufgefangen hatte, zeigte ihr an, dass er jede persönliche Beziehung zwischen ihnen kategorisch ablehnte. Oder wollte er nur die Hierarchien klarstellen? Ja, das könnte sein, das musste es sein. Er wollte zeigen, wer hier das Sagen hat. Der zu einem Spielzimmer umgestaltete Aufenthaltsraum der Kinderstation öffnete sich vor Jules Augen. Auf dem Flur stand eine Frau mit einem Kind im Arm, das sich eng an sie drückte. Andere Kinder tanzten um sie herum, strebten nach ihrer Nähe mit einer Intensität, dass Jule das Herz aufging. Doch Johann Birkholz schien die Kinder gar nicht zu sehen. Kurz grüßte er die Frau und lief weiter zum Schwesternzimmer. Dort stellte er Jule als neue Mitarbeiterin der Klinik vor. Das Gespräch war kurz, Johann Birkholz drängte zur Eile, doch Jules Blicke suchten immer wieder die Kinder. Wie waren sie hierher geraten?

»Es sind vor allem konfliktbelastete Kinder«, erklärte ihr die Schwester, die ihre Frage wohl ahnte.

»Und wo sind die Eltern?«, fragte Jule.

»Wenn möglich, nehmen wir ein Elternteil mit auf. Diese Fälle sind aber auf der Nachbarstation. Bei unseren kleinen Patientinnen sorgen wir für eine Konfliktentlastung durch räumliche Trennung, oder aber die Eltern können – aus welchen Gründen auch immer – nicht jederzeit vor Ort sein.«

Als Jule langsam zurücklief, wurde sie den schmerzhaften Gedanken an ihre eigenen Söhne nicht los. Was wäre, wenn sie hier allein auf so einer Station sein müssten? Was würden sie fühlen? Was würde das mit ihnen machen? Plötzlich griff eine Hand nach ihr, eine kleine Kinderhand, während ihr Kollege ungeduldig an der Tür wartete. Jule sah einen Jungen von circa vier Jahren, der zu ihr aufblickte.

»Umarmst du mich?«

Ruhig beugte sie sich nieder und legte ihre Arme um den kleinen Körper, der sich fest an sie schmiegte.

»Ja«, sagte da die Stimme einer Schwester neben ihr. »Unser Paul will immer von allen umarmt werden.«

Sie drückte noch einmal fest zu, dann fasste sie den Knaben an den Schultern und lächelte ihn an.

»Du schaffst das!«, erklärte sie und wusste nicht, ob das nun die richtigen Worte waren. Dann stand sie auf, strich Paul noch einmal übers Haar, lief einige Schritte und wollte ihm noch einmal zuwinken. Doch Paul hatte sich schon abgewendet und rannte zu seinen Freunden.

»Sie umarmen auch jeden«, schimpfte Johann Birkholz, als Jule endlich durch die Tür ins Freie trat. »Sie sollten wissen, was Sie damit anrichten.«

Jule erschrak und betrachtete den Mann, der sich abrupt abwandte, um sie zur nächsten Station zu führen.

»Halt«, rief sie ihm hinterher, »nicht so schnell!«

Johann Birkholz drehte sich um; und Jule setzte zu einer Erklärung an, die sie – nach den Zerrüttungen zwischen ihnen – jetzt für unbedingt notwendig hielt. Hastig erwiderte sie: »Der Junge hat *mich* gebeten, ihn zu umarmen. Da werde ich ihn doch nicht zurückweisen.«

Doch ihr neuer Kollege wandte sich ab und eilte weiter.

*

»Zu kurz!«, rief er Jule Katz entgegen, als sie sein Büro betrat.

»Was?«

»Ihr Pony.«

Jule strich sich mit der Hand durch die Stirnlocken. Sie musste sich das Haar geschnitten haben; und wie es aussah, war sie dafür nicht beim Friseur gewesen. Johann grinste. Eigentlich mochte er Frauen lieber, wenn sie sich pflegen. Doch

Jules Art der Umstandslosigkeit bezüglich Kleidung und Frisur hatte etwas Spannendes. Täglich trug sie denselben Haarbund, aus dem sich die Locken sträubten; und dieser Pony sah jeden Tag anders aus, was bei der Widerspenstigkeit ihres Haars kein Wunder war. Ihre Art und die Tatsache, dass sie sich leger kleidete und nicht schminkte, gaben ihr auch mit vierzig noch etwas wild Verwegenes. Zufrieden genoss er ihre Überraschung und beschloss nun doch, einige Worte mit ihr zu wechseln. Was hatte sie damals gesagt, als er sich – in seiner Verwirrung – ihr gegenüber als Christ geoutet hatte? Die Situation war ihm immer noch peinlich. Damals, als junges Mädchen, war sie ihm überlegen gewesen; jetzt stand er in der Hierarchie über ihr. Johann wollte es endlich herausfinden; und so hielt er sie auf, als sie – nach einer Vertragsfrage – sein Büro wieder verlassen wollte.

»Sagen Sie mal, Frau Katz, sind Sie Kommunistin?«

Sichtlich erschrocken wandte sie sich um.

»Sie stellen ja Fragen. Wie kommen Sie darauf?«

»Ich dachte nur«, sagte er und legte ein Lächeln in sein Gesicht. »Und?«

»Nein ...« Energisch schüttelte sie den Kopf. »... dafür ist die Gesellschaft viel zu komplex. Und überhaupt, was ist das für eine Schublade? Da passe ich sicher nicht rein.«

»Und in Ihrer Jugend? Da hatten Sie doch so eine ... oder eine ähnliche Einstellung. War das in den Neunzigern im Osten nicht sehr verbreitet?«

»Sehe ich so aus?« Jule lachte – und doch schien ihm, als hätte er sie verunsichert. Wie würde sie reagieren?

»Haben Sie Angst vor Kommunisten?«, lenkte sie ab. »Ihrem Dialekt nach sind Sie Norddeutscher, stimmt's? Und ganz bestimmt nicht aus Mecklenburg-Vorpommern. Wenn Sie länger hier leben, dann werden Sie sich schon an unsere sozialistische Vergangenheit gewöhnen. Man fürchtet immer das, was man nicht kennt; und glauben Sie mir, wir wollen auch einfach nur leben, wie es uns gefällt. Die meisten Leute hier betrachten ihre Vergangenheit und Gegenwart viel differenzierter, als es öffentlich dargestellt wird.«

Jules Kontern verblüffte Johann. Sie war also immer noch schlagfertig. Zwar wusste er inzwischen, dass viele seiner ostdeutschen Kolleginnen die DDR positiver sahen, als er es aus seiner Vorbildung heraus tun würde. Doch darüber wollte er nicht mit Jule reden. Ihn interessierte etwas anderes. Er wollte, dass Jule auf ihre Vergangenheit zu sprechen kam; er wollte endlich eine Bestätigung für seine Vermutung, dass sie jenes Mädchen war, das ihn am Tag vor seiner Operation umarmt hatte. Deshalb fragte er sie unumwunden: »Wie haben Sie denn in ihrer Jugend gelebt? Sie haben doch studiert?«

»Interessiert Sie das?«

Nun war ihm Jules Verwunderung unangenehm. Dass er keinen geschickteren Weg fand, sie auszuhorchen, ärgerte ihn. Und doch, jetzt wollte er es wissen.

»Erzählen Sie mal, wie waren die neunziger Jahre hier im Osten?«, und er bot ihr einen Stuhl im Büro an, wohl wissend, dass er seinen hierarchischen Vorteil ausnutzte, wenn er sie aufforderte, über einen Teil ihres Lebens zu reden, der ihn als Kollegen eigentlich gar nichts anging.

»In den Neunzigern haben Sie studiert?«, fragte er noch einmal, und Jule schien zu überlegen.

»Wie war diese Zeit? Sie waren doch an der Universität Linden? War es eine schöne Zeit, so kurz nach der Wiedervereinigung?«

»Ja, vor mehr als zwanzig Jahren ... damals habe ich in Linden studiert«, sagte sie endlich. »Ich war jung, kam aus der Enge meiner DDR-Kindheit und wollte das Leben in dieser neuen Welt entdecken. Ich musste alles ausprobieren, leben, erfahren. Für eine biedere Karriere wäre damals kein Platz gewesen.

Geisteswissenschaften sollten es sein, obwohl ich wusste, dass es beruflich schwer werden würde. Ich musste leben, genießen und lachen lernen. Ich wollte sehen, dass das Leben Freude bereitet. Ich wollte die Höhen, die Tiefen, ja, auch die Abgründe der menschlichen Existenz nicht nur studieren, sondern auch direkt erfahren, alle Winkel dieser Gesellschaft kennenlernen, autonom sein, frei sein, selbst entscheiden!«

»Und wo haben Sie gewohnt?«

Jule sah ihn verdutzt an, und er konnte sich vorstellen, dass sie die Auswüchse ihrer Jugend gern für sich behalten wollte. Doch dann lachte sie ihm ins Gesicht.

»Ich habe damals mein Studium selbst finanziert, also brauchte ich billigen Wohnraum; und zusammen mit meinem Lebenshunger hat mich das in ein Abrisshaus geführt, ein Haus, das zum Teil besetzt war. Unsere Wohneinheit hatte mit den Besitzern einen Nutzungsvertrag. Wir wohnten also völlig legal dort. Trotzdem, das menschliche Umfeld, habe ich bald herausgefunden, war in seiner Normsetzung nicht weniger strikt als jede gutbürgerliche Umgebung, nur dass die Regeln andere waren.«

»Und welche?«

Seine Frage ließ Jule kichern, dann winkte sie ab und gestand: »Durchwachte Nächte, vom Zigarettenrauch vernebelte Räume, reichlich Alkohol und keiner, der den Abwasch macht. Ich war aber ehrgeizig, habe mich nicht wohl gefühlt. Es waren nicht meine Regeln.«

Da war es, das Abrisshaus, in dem er ihr begegnet war. Im Prinzip konnte er aufhören zu fragen, es lag auf der Hand. Juliane Katz war das Mädchen, das er in ihr vermutete; und doch irgendetwas hinderte ihn daran, sie gehen zu lassen. Erinnerte sie sich an ihn? Nicht bewusst, aber vielleicht unbewusst? Und warum hatte er damals keine Chance bei ihr gehabt? Also hakte er nach.

»Und Sie hatten einen Freund, damals?«

»Ja, es war eine Zeit voller Liebe, aber ich hätte mich niemals familiär gebunden, bevor ich meinen Entdeckerdrang befriedigt hatte.«

Gedankenverloren nickte er vor sich hin und suchte nach Worten. »Ist Ihnen vielleicht damals noch ein anderer Mann begegnet?«

»Ein anderer Mann? Dort sind die Männer ein- und ausgegangen.«

»Versetzen Sie sich mal in folgende Situation«, sagte er dann. Neugierig betrachtete er ihre halb verwunderten – halb erschrockenen Augen. »Sie laufen das Treppenhaus hinauf an einem Mann vorbei, der irgendwie traurig scheint. Würden Sie ihm helfen?«

Ohne nachzudenken gab sie Antwort: »Ja, das ist mir auch passiert. Da war mal ein Junge, ein unglaublicher Schmerz ging von ihm aus. Ich bin stehen geblieben und habe ihn umarmt, ich erinnere mich genau. Ich wollte ihn einfach trösten. So ist das manchmal ...«

Die Antwort ließ Johann zittern. ›Beherrschung!‹, rief er sich zu und fragte scheinbar nebensächlich: »... und sind Sie mit ihm befreundet?«

»Nein«, erklärte Jule. »... ich hatte ihn dort noch nie gesehen und bin ihm nur dieses eine Mal begegnet.«

»Würden Sie ihn wiedererkennen?«

Sie schüttelte den Kopf. »Ich kenne nicht mal seinen Namen – und wie er aussah, daran kann ich mich auch nicht erinnern.«

Erleichtert atmete Johann auf, und ehe sie misstrauisch werden konnte, lenkte er das Thema ab zu einer Belanglosigkeit, die ihm gerade einfiel. So redeten sie noch eine Weile, während Johann ihr vor Aufregung kaum folgen konnte und froh war, als sie aufstand, um zu ihrer Arbeit zurückzukehren.

An der Tür drehte sie sich noch einmal um, lachte und fügte hinzu:»Zu kurz!«

»Was?«, fragte er.

»Dein Pony ist auch zu kurz!«

Verstört fuhr er sich mit der Hand über das millimeterkurz geschorene Haar oder das, was davon übrig war, während Jule kicherte und sein Büro verließ.

»Okay, dann bleiben wir beim Du!«, rief er ihr noch hinterher. Doch ob sie ihn gehört hatte, das wusste er nicht.

Es dauerte eine Weile, bis er begriff. Juliane Katz, das Mädchen von damals; und sie erinnerte sich an die schlimmste Situation seines Lebens; zum Glück – sagte er sich – zum Glück, ohne sich an ihn zu erinnern. Für sie war er einfach ein Kollege – und er vor zwanzig Jahren war ihr ein Fremder geblieben, dem sie einmal zufällig begegnet war. Aber warum hatte sie ihn nicht vergessen? Johann würde sie nicht danach fragen können, ohne sich zu verraten, und das wollte er nicht. Denn er spürte, dass Jule begann, seine Gedanken zu fesseln; und jene Gefühle von damals, die ihn noch manches Mal vor dem Haus hatten stehenbleiben lassen, sie waren doch nicht so erkaltet, wie er sich das wünschte.

Dann dachte er an Klara, der er demnächst einen Heiratsantrag machen wollte. Mehr als zwei Jahrzehnte hatte er nach seiner Operation gewartet, bis er sich zu einem solchen Schritt durchringen konnte; doch nun war ihm Jule dazwischengekommen. Sollte sie eine letzte Prüfung sein, ob seine Beziehung mit Klara auch späteren Begegnungen mit Frauen standhielt? Und wenn er seine Gefühle zulassen sollte, würde er den Mangel, den er als Mann hatte, jemals vor einer Frau – wie Jule – eingestehen? Jule zog ihn an, er fühlte ihren Körper; und gerade deshalb hatte er den Eindruck, dass ihre Gegenwart ihn tagtäglich an sein Defizit erinnerte. Denn alle Hilfsmittelchen, die zum Teil und zum Glück auch bei ihm wirkten, konnten nicht darüber hinwegtäuschen, dass er nicht mehr vollständig war.

Klara hingegen hatte er im Krankenhaus bei der Krebstherapie kennengelernt. Seither hatten sie sich begleitet und gegenseitig unterstützt. Sie kannte seine Probleme, denn seine Probleme waren auch ihre eigenen; und ihre ruhige und zuverlässige Zuneigung tat ihm gut. Jule aber löste nicht das Gefühl von Sicherheit und Vertrautheit aus, sondern weckte in ihm männliche Gier. Er wollte sie erobern – oder hatte sie ihn schon erobert?

›Feuer und Wasser‹, dachte er. Jule war wie Feuer und Klara wie Wasser. Feuer ließ Wasser verdunsten; und Wasser konnte Feuer verlöschen lassen. Es kam nur darauf an, wovon mehr vorhanden war. Doch genau das wusste er nicht. Er wusste nur, Klara brauchte ihn, wie er sie. Brauchte er Jule? Brauchte sie ihn? Sie hatten sich die letzten Jahre nicht gebraucht und immer ohne einander gelebt.

Das war die Lösung, dachte Johann. Er beschloss, Jule fortan aus dem Weg zu gehen, sie zu meiden, um das Feuer, das bereits in ihm knisterte, nicht noch mehr anzufachen. Und heute Abend würde er Klara zum Abendbrot einladen, um Jules Feuer durch sie löschen zu lassen.

*

Aus dem Dunkel des Verwaltungskorridors fiel ihr Blick auf die tageslichtdurchflutete Bürotür. Sie hielt Papiere in der Hand, die sie erstmal loswerden werden wollte. Klopfen und eintreten – dann würde sie sich um die Post kümmern. Doch kaum überblickte sie den Raum, erschrak sie. Am Schreibtisch saß Johann, sah ihr zerstreut entgegen. Das war nicht sein Büro. Er musste den Arbeitsplatz gewechselt haben. Da wandte er sich schon wieder seiner Schreibarbeit zu ... gleichgültig, wie ihr schien, gleichgültig und schmerzhaft gelassen.

Jule sprach ihre Kollegin an und stellte die Frage, die sie sich bereits zurechtgelegt hatte, als ihr zwischen allerlei Papierkram, neben Johanns Bildschirm, unversehens ein verschlossenes Marmeladengläschen mit ungewöhnlich kleingeschnittenen Fruchtstückchen auffiel. Der Obstsalat darin – ein Glas Buntes zwischen all dem Büro-Grau – wäre zu wenig für ein Kompottschälchen ihrer Großmutter gewesen; und doch war er überaus eindrücklich. Erschrocken über ihre Erkenntnis, starrte sie in Johanns auf den Bildschirm konzentriertes Gesicht, um sofort den Blick wieder abzuwenden. ›Der hat doch selbst die Weintrauben noch geachtelt‹, dachte sie verdrossen, denn sie überkam die untrügliche und bittere Ahnung, dass es sich bei den zerstückelten Früchten um Überbleibsel eines Rendezvous mit einer Frau bei ihm zu Hause handelte; und sie hörte mit halbem Ohr Frau Konrad zu, deren langwierige Ausführung über die Abrechnungen der letzten Materialkäufe ihrem Forscherdrang gelegen kam. Woher diese plötzliche Ahnung, woher das Bild von zwei miteinander vertrauten Menschen an einem Abendbrottisch, vielleicht noch bei Kerzenschein? Und wieso störte sie sich daran?

Während Frau Konrad dozierte, zog es Jules Blick immer wieder zu dem Gläschen. So klein waren die Obststückchen, dass eine routinierte Hausfrau sie niemals geschnitten haben konnte. Das musste eher ein ungeübter Koch gewesen sein, ein Mann, der nur selten Obstsalat zubereitete. Eine Familienmutter oder auch nur gesund lebende Frau wäre zu pragmatisch gewesen, das Obst so zu zerstückeln. Sicher hätte sie zügig gearbeitet, da der Salat bei ihr nur eine Zuspeise gewesen wäre und sie mit den anderen Gerichten noch genügend Arbeit gehabt hätte. Nein, so naiv und unbedarft arbeitete sich nur ein Mann an einer Schüssel Obstsalat ab, und das tat er wiederum nur, wenn es einen besonderen Anlass gab. Denn ein Junggeselle würde nicht für sich selbst Obstsalat zubereiten, er würde einfach in einen Apfel beißen, wenn ihm nach Obst war. Der besondere Anlass aber hatte ihn dazu gebracht, sich besondere Mühe zu geben, es hatte Obstsalat sein müssen, ein halbierter oder geviertelter Apfel hatte es nicht getan, nicht für einen besonderen Menschen. Also der Besuch einer Frau? Der Besuch einer geliebten Frau? Der Besuch einer ersehnten Freundin?

Jule sah es vor sich, sie sah vor ihrem inneren Auge, wie Johann, am Küchentisch stehend, mit einem kleinen Brettchen als Unterlage und einem Obstmesser in der Hand, sorgsam die dünnen Scheibchen eines Apfels in noch kleinere Stückchen zerteilte, träumend, mit für ihn ungewohnt langsamen Bewegungen, als wolle er jeden Schnitt in Ahnung auf das ihn Erwartende in vollen Zügen auskosten. Hatte er schon von ihren Umarmungen geträumt, als er den Apfel schälte? Hatte er bereits ihre Lippen gespürt, als er die Weintrauben von den Stielen löste, entkernte und zerschnitt? Warum sollte er das Obst sonst so klein schneiden, wenn nicht in süßer Erwartung?

Jule stöhnte leise, worauf Frau Konrad sie besorgt ansah und fragte, ob alles in Ordnung sei. Und während sie das bestätigte, wusste sie, dass Johann schon lange vor dem verabredeten Treffen mit dieser Arbeit begonnen haben musste. Vielleicht hatte er den Obstsalat nur deshalb gemacht, um sich die Ungeduld zu vertreiben, bis sie endlich kam? Hatte sich gerade deswegen so eine aufwendige Vorbereitung auferlegt, damit die Zeit, die er auf sie warten musste, schneller verging, damit er sie in Arbeit tauchen konnte, um die brennende Sehnsucht, die ihn vorher plagte, zu lindern? Jule schluckte, der Gedanke quälte sie, und um sich abzulenken, sah sie kurz nach seinen Fingern, die auf der Tastatur klimperten, ein Pflaster – das sie amüsiert hätte – entdeckte sie nicht. Dass er keinen Ehering trug, war ihr schon vor einer Weile aufgefallen. Was für eine besondere Frau musste das sein, Johanns Frau?

Über die Vorstellung des Rendezvous' krampfte sich Jules Magen zusammen, zornig registrierte sie die Eifersucht, die von ihr Besitz ergriff. War der Obstsalat vielleicht der Vorspann einer romantischen Nacht gewesen? Und der Mann, Johann, streifte vor ihren inneren Augen die Obststückchen mit dem Messerchen von seinem Brettchen in die Glasschale, um dann einen Löffel zu nehmen und umzurühren. Er nahm eine Zitrone, halbierte sie und drückte sie über der Schale aus. Zucker hatte er – entgegen seiner Gewohnheit – nur wenig hinzugetan. Zucker war ungesund, und er wollte einen guten Eindruck machen. Dann musste es geklingelt haben.

Das Bild von den beiden Menschen am Tisch verdrängte Jule. Doch war sie sich sicher, Johann hatte noch am Abend, nach dem gemeinsamen Essen und vor dem Aufwasch, den Rest des Obstsalates in ebenjenes Marmeladengläschen gefüllt und in den Kühlschrank gestellt. So ein kleines Marmeladenglas konnte nur ein Mann wählen. Er hatte das Gläschen am Morgen, nach dem gemeinsamen Frühstück, wieder aus dem Kühlschrank genommen und in seine Tasche gepackt, vielleicht, nein, ganz sicher, um den Nachhall jenes Abends oder jener Nacht mit in den nächsten Tag zu nehmen, damit der Arbeitstag den Schleier der Liebe nicht zerriss und damit das Essen des Obstsalats ihn noch einmal träumen ließ von den Zärtlichkeiten.

»Frau Katz?!«, rief Jules Kollegin ihr zum wiederholten Male zu. Jule erschrak und starrte Frau Konrad an. Dann drehte sie sich entschlossen zu Johann um, wies mit dem Finger auf das Marmeladengläschen und sagte in unerbittlich strengem Ton: »Die Stückchen müssen mindestens noch halbiert werden! Sonst ess' ich sie nicht.«

Mit offenem Mund starrte Johann sie an, während sich Jules Züge vor Zorn härteten. Wut und Ohnmacht hatten ihr die Beherrschung geraubt, während Frau Konrad zwischen ihr und Johann hin und hersah.

»Das ist *mein* Obstsalat!«, rief er entrüstet. Sie ahnte, was er dachte, denn seine Augenbrauen zogen sich zusammen. Sie hörte in sich seine Stimme und sprach aus, was er sagen würde:»Du ...«, sie schüttelte den Finger gegen ihn,»... kriegst davon bestimmt nichts ab!« Dann wandte sie sich zur Tür und verließ wütend den Raum.

*

Als er ihr Büro betrat, um sich ein Bild über ihre Arbeit zu machen, hatte er sich fest vorgenommen, seine Gefühle im Griff zu behalten. Die Szene mit dem Obstsalat hatte ihn getroffen, zumal seine Kollegin, Frau Konrad, danach bemerkt hatte:»Na, die scheint ja mehr für Sie übrigzuhaben, als gut ist.«

Auch Johann ahnte, dass Jule auf ihn reagiert, was ihn einerseits erschreckte und ihn doch auf eine andere, eher unerwünschte Weise freute. Etwas an ihm – das er am liebsten völlig in den Hintergrund gedrängt hätte – suchte nach ihren Gefühlen, nach ihren Antworten auf seine emotionalen Fragen. Schließlich hatte sie ihn damals abgewiesen – doch heute konnte sein Körper keine Antwort mehr geben. Wenn es nach ihm gehen würde, dann würde er überhaupt keine partnerschaftlichen Beziehungen eingehen, wozu auch? Längst hatte er sich zurechtgelegt, dass es in Partnerschaften nur um Sex ging; und er fand es unangenehm aufdringlich, dass Menschen auf der Straße mit Küssen und Umarmungen öffentlich machten, dass sie genau dies taten. Er selbst konnte darauf verzichten: Sein Körper schrie nicht mehr danach. Nur Jule weckte in ihm die Erinnerung an ein Leben davor, als er selbst noch von der Gier nach Frauen gesteuert war.

Johann blieb an der Tür gar nicht erst vor Jule stehen, um ihr die Hand zu reichen. Er nickte ihr kurz zu und steuerte direkt zu ihrem Schreibtisch, um sich auf den Bürostuhl fallen zu lassen, die Maus zu klicken und in den Laptop zu sehen. Während er im Internet ein neues Fenster für die Cloud öffnete, gewahrte er mit halbem Auge, dass Jule noch immer mit ausgestreckter Hand und offenem Mund an der Tür stand und ihn anstarrte.

»Du kannst deine Hand wieder sinken lassen«, bemerkte er und wusste, sein ganzes Verhalten war unverschämt – aber er wollte ein für alle Mal die Fronten klären.

»Entschuldige bitte ...«, sagte Jule, »... aber würdest du mich wieder an meinen Computer lassen?«

»Nein, jetzt nicht«, antwortete er und gab sein Passwort ein.

»Ich mach' dir auch einen Kaffee, aber meinen Computer lässt du bitte in Ruhe.«

»Jetzt nicht, aber den Kaffee nehme ich gern.«

So konnte er sie vielleicht beschäftigen, um sich kurz ein Bild davon zu machen, was sie zuletzt am Computer getan hatte. Seine Neugier war unangemessen, auch das wusste er. Doch es verlockte ihn, vor ihr seine ganze Macht auszuspielen. Sie sollte wissen, dass mit ihm nicht zu spaßen war, besonders, wenn andere Kolleginnen anwesend waren. Doch Jule wandte sich nicht der Kaffeemaschine zu, wie er erwartet hatte, stattdessen baute sie sich vor ihm auf.

»Bitte, klapp sofort den Laptop zu. Es geht zu weit, dass du hier reinkommst und dich als Erstes an meinen Arbeitsplatz setzt.«

Verstört sah er auf. Etwas Bittendes und zugleich Bedrohliches lag in ihren Zügen. Wagte sie es wirklich, ihn hier zu maßregeln? Kurz blickte er durch die offene Tür und entdeckte Jules Kollegin im Vorraum. Ahnungsvoll klickte er eine *Word*-Datei auf, und tatsächlich – was er sah, verblüffte ihn. Ein Gedicht prangte auf dem Bildschirm, er las die ersten Worte, als er geradeso die Hände zurückziehen konnte. Dann knallte der Bildschirm nach unten. »Greifst du auch in fremde Handtaschen? Soll ich mal deinen Rucksack durchsuchen?«

Ihre Augen funkelten.

»Das ist dein *Arbeitscomputer*!«, rief er aufgebracht. »Nichts mit Handtasche! Wie kannst du es wagen?«

»Es ist maximal übergriffig, in fremden Computern, wenn auch Arbeitscomputern, zu wühlen!«

Die Kollegin vor der Tür war auf ihren Streit aufmerksam geworden, weshalb Johann nun doch lieber still blieb und nicht weiter diskutierte. Sowieso war der offene Streit nicht seine Sache. Er bevorzugte andere Methoden; und während er überlegte, wie er Jules Arbeitscomputer nun doch noch überprüfen konnte, wandte sie sich der Kaffeemaschine zu. Johann wagte nicht, den Laptop wieder zu öffnen. Er erhob sich langsam von ihrem Bürostuhl und setzte sich auf einen Platz daneben. Ihre Wut schien verflogen. Als wäre nichts geschehen, begann sie über ihre Arbeit zu plaudern. Doch Johanns Zorn verflog nicht so schnell, wie Jule es mit nebensächlichen Erläuterungen ihrer Tätigkeit gern herbeigeredet hätte.

Er spürte geradezu, dass sie ihre übermäßige Reaktion mit möglichst vielen Worten wieder gutmachen wollte. Doch diese Provokation sollte sich rächen, schwor er sich. Was war das überhaupt gewesen, ein Gedicht auf dem Arbeitscomputer? Ein solcher Text war natürlich ein Stück Privatheit im Arbeitsumfeld, das sie lieber vor ihm verbarg, vor allen Kolleginnen verbergen wollte. Doch er hatte es entdeckt, und nun fragte er sich, was sie so alles während ihrer Dienstzeit machte. Für ihn passte es nicht, dass Mitarbeiterinnen anderes taten als sich hundertprozentig den Aufgaben zu widmen, für die sie angestellt waren und ihr Gehalt erhielten. Dachte sie, sie könne hier alle, besonders ihn, an der Nase herumführen? Und war das Gedicht überhaupt von ihr? Aber wie sollte es sonst in die *Word*-Datei gekommen sein? Niemand schrieb während der Arbeitszeit ein fremdes Gedicht ab ... oder doch? Was würde er noch in ihrem Computer finden?

Als sich Jule ihm wieder zuwandte, eine Tasse frischen Kaffee in der Hand, setzte er eine möglichst unbeteiligte Miene auf. Sie sollte nicht wissen, dass er ihr Geheimnis entdeckt hatte. Sie sollte sich in Sicherheit wiegen, denken, sie hätte das Unglück geradeso noch abgewendet. Deshalb war er nun bereit, mit ihr einen unschuldigen Smalltalk über ihre Arbeit zu führen. Doch die Aufregung siegte, und so verabschiedete er sich schnell, um neue Wege zu beschreiten.

Johann hatte bewusst Überstunden angekündigt. Kaum konnte er erwarten, dass sich die letzten Kolleginnen verabschieden würden. Er genoss geradezu seine Ungeduld, schließlich hatte er Zugang zu etwas gefunden, dass ihm Einblicke in Jules Privatleben geben würde, wie sie sonst kaum jemand hatte.

Nachdem der Flur der Verwaltung ruhig geworden war, beendete er seine Arbeit, schloss die Datei und klickte sich durch ein paar Mails, nur um festzustellen, dass er diese erst am nächsten Tag beantworten würde. Dann erhob er sich und machte sich auf den Weg zum Büro der Ergotherapie.

Es war still in den Gängen. Johann schloss die Tür auf und schaltete das Licht an. Das Büro war aufgeräumt, sorgsam lagen neben dem zugeklappten Laptop einige Papiere, kein Durcheinander deutete Stress an, im Gegenteil, Jule schien jeden Abend, bevor sie das Büro verließ, alle Papiere sauber und ordentlich nebeneinanderzulegen.

Vorsichtig setzte sich Johann auf ihren Bürostuhl und klappte den Laptop auf, suchte die Power-Taste und fuhr den Computer hoch. Jule hatte ein Passwort, aber das war für

Johann kein Problem. Denn er selbst verfügte über das Administratorenpasswort, das an jedem Computer seiner Dienststelle funktionierte. Diese Macht über Jules »Handtasche«, wie sie selbst gesagt hatte, ließ ihn frohlocken; und da waren sie schon, die »Eigenen Dateien«.

Neugierig klickte er sich durch Kontaktdaten und Adresslisten, Patientenakten, Gutachten und Leitfäden, bis er auf den Ordner »Privat« stieß. Wie naiv sie war, dachte er, sie hatte ihn im Ordner »Sonstiges« gespeichert. Sie glaubte doch tatsächlich, dass ein solcher Ordner hier in der Klinik verborgen blieb, unglaublich. Gedankenverloren schüttelte er den Kopf. Doch was er fand, erstaunte ihn. Nicht nur eine Datei tauchte in der Liste auf, sondern mehrere, allesamt mit literarisch klingenden Namen wie »Alphabet«, »Rückfall«, »Implosion« oder »Puzzle« und dem Kürzel des Datums, an dem sie vermutlich entstanden waren.

Das tat sie also während der Arbeitszeit, deshalb traf er sie nur selten zu einem Schwatz unter Kolleginnen. Johann wusste, die Ergotherapie der Patientinnen fand nach einem Stundenplan statt, der Zeitfenster offen ließ, in denen die Therapeuten eigentlich an den Patientenakten schreiben sollten. Es konnte sein, dass Jule zeitlich etwas unterfordert war und längere Pausen hatte, die sie für ihre Zwecke nutzte. Aber Gedichte zu schreiben während der Arbeitszeit, das ging für Johann zu weit. Neugierig öffnete er die Datei »Alphabet« und las Jules Worte. Es war ein fantasievoller Text. Es ging um Liebe, obwohl das Wort nicht ein einziges Mal in den Zeilen auftauchte; und es ging um Abweisung. Der Text schien nicht lächerlich, wie er befürchtet hatte – ihr dichterisches Können war ernst zu nehmen. Aber war es nicht etwas pubertär, ein Gedicht über die Liebe zu verfassen? Dabei waren sie doch über vierzig, in einer Lebensphase, in der sich solcherlei erübrigte? Nein, wenn ein Mensch in diesem Alter und an diesem

Ort noch Gedichte schrieb, dann musste er es ernst meinen und zwar nicht nur mit der Liebe, sondern vor allem mit dem Schreiben. Dann war dieses Schreiben nicht nur ein Zeitvertreib oder Hobby, dann war es existenziell.

Noch einmal studierte er Wort für Wort. Er war kein Lyrik-Fan. Eher las er die Zeitung, die war ernst zu nehmen. Einen Gedichtband hatte er zuletzt in seiner Schulzeit in den Händen gehalten. Gerade weibliche Lyrik und deren Romantik stießen ihn ab. Nur in Musik verpackt konnte er sie akzeptieren, dann hörte er gern zu. Und doch, an diesen Texten fesselte ihn etwas, nicht nur die Worte, die dem Leser zu erklären schienen, dass die Autorin ihre Gefühle mit dem Schreiben abreagierte. So nahe war er noch nie an einer Person dran gewesen, so nahe, dass er ihr direkt in die Gedanken schauen konnte. Es offenbarte sich ihm hier, was Jule in den letzten Wochen gedacht und gefühlt hatte, womit sie sich beschäftigte, in der Arbeit und in ihrem ganz persönlichen Leben; und erstmals überkamen ihn Zweifel. Durfte er das? Aber sicher, schließlich war das ein Computer der Klinik und er einer der Administratoren.

Wieder sah er auf den Text. Die Worte transportierten zwischen den Zeilen mehr, als ihre bloße Aussage mitteilte. Sie führten den Leser spiralförmig an eine Pointe heran. Aber das war noch nicht der Grund für ihre Anziehungskraft, sondern die Frage, die er sich stellte: Hatte Jule die Gedichte über ihn geschrieben? Hoffnung keimte in ihm auf, und gleichzeitig hasste er Jule dafür, was sie in seinem Innersten anrichtete. Die Worte, die er las, zogen ihn an, lösten den Wunsch aus, dass sie ihm gelten mochten – noch nie hatte eine Frau solche Texte für ihn verfasst; und gleichzeitig stieß ihn der Gedanke ab, dass Jule hier saß und über ihn schrieb. Während er daran dachte, Objekt ihrer Gedanken, Gefühle und Worte zu sein, empfand er *sie* plötzlich als übergriffig. Es war schon gut, dass die Gedanken der anderen, besonders aber seine Gedanken, für das Umfeld des Denkenden geheim blieben. Deshalb wünschte er sich nun auch, dass ihm ihre Gedanken verborgen geblieben wären, während er weiter suchte, wie ein Süchtiger nach weiteren Texten forschte.

Er dachte an Klara und fühlte sich verpflichtet, die Hitze in sich zurückzudrängen und durch Verachtung zu ersetzen; und so fasste er Gedanken und Pläne, wie er Jule aus seinem Leben schaffen könnte. Ja, Jule musste weg aus seinem Umfeld, und er würde selbst dafür sorgen.

Er war bei der letzten Datei angelangt, öffnete sie und – wunderte sich. Während die vorhergehenden Seiten poetische Formen beinhalteten, fand er nun einen Prosatext mit dem Titel »Vier Leben«, darunter das Wort »Erzählung«, ein ihm fremder Frauenname und der Name eines Verlags, bei dem die Erzählung einzureichen wäre. Entschlossen öffnete er das Internet und tippte den Namen ein. Was er nun fand, verschlug ihm fast die Sprache. Zwei Romane waren unter diesem Namen erschienen, und anhand der Fotos konnte er klar erkennen, es handelte sich bei der Autorin um Jule. Juliane Katz war Schriftstellerin.

Johann lehnte sich zurück, dann sah er noch einmal nach den Einträgen in der Suchmaschine, kein Zweifel, er hatte sich nicht geirrt. Was sollte er nun tun? Was, wenn Jule begann, über ihn zu schreiben und zu veröffentlichen? Johann starrte das kleine Regal in Jules Büro an und betrachtete die Rücken der Ordner, als wären es allesamt Bücher, die ihn und sein Innerstes preisgaben. Eines war klar, das nahm er sich jetzt fest vor: Jule durfte niemals private Informationen über ihn erhalten. Zum Zweiten würde er Maßnahmen ergreifen, dass sie hier, in seiner Klinik, nicht sesshaft würde. Ihre Gegenwart war nicht gut für ihn, nicht für ihn selbst und nicht für seine Beziehung zu Klara. Er wollte sich nicht ständig mit ihr auseinandersetzen müssen, er wollte wieder frei sein, so frei wie vor Jules Einstellung. Nur musste er dafür erst noch einige Informationen einholen. Dann würde er zur Chefin gehen.

*

Im Therapieraum feuerte eine hysterische Moderatorenstimme das Publikum an. Jule hatte den Sender noch nie leiden können, doch gegenüber den Patienten war ernsthafte Unterhaltung nicht durchzusetzen. Kurz blickte sie von der Akte auf. Vor dem Fenster lief Johann vorbei, er rannte fast, obwohl – da war sich Jule sicher – diese Eile mehr zu ihm selbst als zu der Aufgabe gehörte, die er zu erfüllen hatte. Die Beine der schlanken Gestalt, gehüllt in legere Jeans, schlotterten beim Gehen. Das geknöpfte Shirt saß locker und passgenau. Sein kurzgeschorener Schädel leuchtete beinah in der Sonne, Gesicht und Halsausschnitt röteten sich in der Eile. Welcher Sport wohl zu ihm gehörte? Etwas Schnelles sicher, bei seiner Größe Basketball, Tennis oder vielleicht Badminton? Jedenfalls kam er täglich mit dem Rad von Linden nach Solau, wie Jule erfahren hatte, als ein bis zur Unkenntlichkeit hinter professioneller Radkleidung versteckter Mann bei einer Gruppe Kolleginnen bremste, um sie zu grüßen. Jule war hinzugetreten und in Unkenntnis, wer ihr da hinter der verspiegelten Sonnenbrille gegenüber stand, hatte sie laut kommentiert: »Oh, ein Außerirdischer! Was für ein Besuch!« Die Kolleginnen hatten sich gebogen vor Lachen, während der Unbekannte wütend davon gefahren war. Erst später hatte sie erfahren, wen sie da mit seinem Äußeren brüskiert hatte.

Jule dachte zu oft an ihn, das wurde ihr langsam klar. Seit der Geschichte mit dem Obstsalat war ihr bewusst geworden, dass alle Zurückhaltung nichts nutzte. Bei ihrer Einstellung war sie noch davon ausgegangen, dass sie mit Johann nicht viel zu tun haben würde. Doch nun begegnete sie ihm öfter, als

ihr lieb war. Bei aller Ablehnung, die er ihr gegenüber heraus-
kehrte, ging von ihm doch auch etwas Anziehendes aus. Er ig-
norierte sie und sah sie dabei gleichzeitig unentwegt an, selbst
wenn er mit dem Rücken zu ihr stand. Und jedes Mal, wenn
sie ihm begegnete, dann löste er einen tiefen Schrecken in ihr
aus, der sie innerlich erstarren ließ. Ihr fehlten dann die Worte,
um unbedarften Smalltalk mit Kolleginnen zu pflegen, und sie
verließ regelmäßig die Szenerie. Seine Abweisung ihrer Person
fühlte sich bissig an; und so, wie sie floh, zog es sie zu ihm.

›Die Patientenakte‹, dachte Jule und starrte auf den Bildschirm wie auf das Urlaubsfoto eines langweiligen Bekannten.
Sie konnte sich grad aber auch gar nicht konzentrieren und
verfluchte ihre Obsession für diesen Mann. Kurz blickte sie zu
den Patienten, die still oder leise plaudernd an ihren Körben
flochten. Diese zermürbenden Gefühle. Sie hatten nun vollends
von ihr Besitz ergriffen; sie füllten sie aus, beherrschten sie,
ließen ihre Gedanken immer wieder um ihn kreisen, um den
Menschen und um die Welt, die ihn umgab. Diese Welt sprang
sie geradezu an: Gegenstände, die ihm gehörten, eine Jacke, die
achtlos an der Garderobe hing, ein Rucksack, der an seinem
Schreibtisch lehnte, die Notizen auf seinem Tisch, die kleine,
aber akkurate Handschrift, seine Wasserflasche hinter dem
Drehstuhl, der Flur, den er zu seinem Büro passieren musste,
und das Licht, das aus der Milchglasscheibe seiner Tür strahlte, wenn sie vorüberlief. Doch sie wagte es nie, einen dieser
Gegenstände zu berühren. Jule wusste, sie musste sich zu-
rückhalten, durfte nicht aufdringlich werden, durfte ihm nicht
nachlaufen; ja, sie dosierte ihre Anliegen an ihn und achtete
darauf, nicht öfter als einmal die Woche persönlich an ihn he-
ranzutreten. Die anderen Tage hatte sie nur ihre Gedanken.

Kurz sah sie zu ihrer Kollegin, die mit dem eingeweichten
Peddigrohr beschäftigt war, die Fäden einzeln aus dem lau-
warmen Wasser zog und zu Schlaufen flocht. Sie würde dafür

noch eine Weile brauchen. Dann öffnete Jule das Internet, gab seinen Namen ein und drückte auf »Suchen«. Einige Einträge der Klinik und ein Foto unter den Profilen der Führungskräfte tauchten auf, ein Hinweis auf seine frühere Anstellung in Linden, ein Zeitungsfoto und das Angebot, sich bei einem sozialen Netzwerk einzuloggen, um mit ihm in Kontakt zu treten.

Eine Internetplattform? Das hätte sie nicht gedacht.

In einem Anfall von Angst bezüglich der zukünftigen Online-Aktivitäten ihrer Söhne hatte sich auch Jule vor Jahren dort ein eigenes Profil erstellt, das sie jedoch nur selten und wenn, dann mit Belanglosigkeiten füllte. Jule hatte sich fest vorgenommen, ihren Kindern das Internet an ihrem achtzehnten Geburtstag sauber zu übergeben, ohne private Einträge aus deren Kindheit. So vermied sie jedes Foto und jede Erwähnung ihrer Namen; ja, sogar die Tatsache, dass sie Kinder hatte, verschwieg sie dem Netz. Umso mehr verblüffte sie es, Johann dort zu finden. Ein Übermaß von Langeweile musste ihn zu dieser Plattform getrieben haben. Denn, wie sie bislang erfahren hatte, konnte seine Lebendigkeit zwar jeden anstecken, doch nie verriet er etwas über sich oder sein privates Leben. Im Schein der Oberfläche tobte er sich aus, bei jedem Smalltalk, den er gern, oft und gekonnt führte. Es schien ihr stets, als würde er sein sensibles Wesen hinter den Spielereien des zwischenmenschlichen Umgangs verstecken. Seine Lebendigkeit war eine Maske, die ihn vor Verletzungen schützte. Er war und blieb für seine Kolleginnen ein eloquentes Bild ohne Tiefenschärfe, denn zwischen dem äußerlichen Schein und seinem Innersten gab es eine unpassierbare glatte Fläche, die nur den Betrachter oder die Betrachterin spiegelte, ohne etwas von ihm Preis zu geben.

Sein Profilbild erschien Jule nicht gerade vorteilhaft, schräg von oben aufgenommen, sein kahler Kopf, auf der Stirn durchzogen von tiefen Furchen, seine Augen zusammengekniffen, um sie vor der Sonne zu schützen, der Mund zu einem breiten Lächeln verzerrt. An seiner Haltung ahnte man, dass er auf einem Fahrrad saß, darauf verwies auch die angeschnittene Person im Hintergrund, die den Blick auf Pedale freiließ. Sonntägliches Glück strahlte das Foto aus, ein Ausflug mit Familie oder Freunden, jedenfalls mit Menschen, denen er sich nahe fühlte und die – im Gegensatz zu Jule – bei ihm sein durften. Unschlüssig, was sie über ihren Fund denken sollte, scrollte sie weiter. Wie auf ihrem Profil fand sie nur Belanglosigkeiten, Scherze, Zitate und Fotokompositionen, wie sie zuhauf im Internet kursierten, eine Telefonwerbung – vielleicht hatte er sich einmal nach einem Anruf gesehnt – und ein politisches Statement gegen rechte Gesinnung. Sie sah auf die Daten, er schien nur einmal im Monat zu posten, immer zu Anfang des Monats. Das Ganze war unmotiviert, wie eine Aktion aus Überdruss, ohne zu suchen, ohne irgendetwas zu finden und ohne wahrgenommen zu werden oder wahrgenommen werden zu wollen. Denn er hatte kaum Kommentare und nur selten Likes. Jule wanderte die Posts abwärts. Sie suchte etwas, etwas von ihm, aber sie fand nichts. Wie sein gesamtes Verhalten hielt das Profil einem nur den Spiegel vor, die undurchdringliche Spiegelfront vor seinem Selbst bestand auch im Internet. Dann stoppte sie. Auf einem kleinen Teller ein Stück Bienenstich, die Ecke fehlte bereits, daneben eine Kuchengabel und eine Tasse schwarzen Kaffees. All das stand auf einem kleinen schwarzen Tisch, dahinter ein aufgeklappter Laptop mit Lesestoff aus dem Internet. Eine Ecke dunkelgrauen Polsters zeigte, dass der Fotograf auf einem Sofa saß. Das nahezu leere Bücherregal im Hintergrund, mit zwei, drei Bildbänden und einigen DVDs in quadratischen Abteilen, sowie ein Buch auf dem Sofa zeigten an, dass hier gewohnt wurde. Angeschnitten sah sie eine Tür in ein weiteres Zimmer, wo vor einer weißen Wand auf einem Metallregal ein kleiner Drucker stand. War das seine Wohnung? War hier das Fenster in seine Welt, das sie seit Wochen suchte? Darunter der Satz: »Ich will auch mal was Sinnloses posten.« Sinnlos? Sie lächelte. Johann ahnte gar nicht, was dieses Foto mit ihr machte. Es war mehr als sein Porträt, gab mehr preis als sein Gesicht, es war ein Stück Leben, ein Stück seines Lebens. Schwarzer Kaffee und Kuchen in seinem Raum.

Jule erinnerte sich an ihre Zeiten in Wohngemeinschaften, jeder Raum eine einzigartige Welt der Privatsphäre. Respekt vor der Welt des jeweils anderen zeigte man beim Anklopfen und mit der Frage, ob man eintreten dürfe. Niemand setzte sich wie selbstverständlich in das Privatleben des anderen. In der kurzen Zeit, in der sie mit dem Vater ihrer Kinder zusammengelebt hatte, hatte sie genau diese Achtung vor dem persönlichen Bereich des anderen vermisst, denn sie hatten die ganze Wohnung geteilt, selbst das Arbeitszimmer, wo Jule sich doch in sich selbst versenken musste, um mit ihren Texten voranzukommen. Jetzt atmete sie bei dem Gedanken auf, dass sie und ihre Kinder ihre jeweils eigenen Zimmer hatten und dass der Vater zwar häufig anwesend, aber meist in seinen eigenen vier Wänden, in seiner Wohnung zugange war. Sie hatte sich ihre Privatsphäre zurückerobert und akzeptierte nur ihre Kinder in ihrem Bereich, die oft ungeniert in Jules Bett lümmelten, mit dem Handy spielten oder balgten.

Wie würde ein Zusammenleben mit Johann aussehen? Nach dem Foto zu urteilen, dem schwarzen Tisch, der dunkelgrauen Couch und dem schlichten Metallregal, wohnte er in einer regelrechten Singlebude. Die Möbel waren einfach und schmucklos praktisch. Dazu passte Musik, aber was für welche? Vielleicht Klassik oder eher Pop? Radiogespräche, wie sie sie vorzog, konnte sie sich in seinen Räumen nicht vorstellen. Seine Wohnung war komplett anders als Jules, und genau das war der Reiz, der von ihr ausging. Das jeweils andere durfte nicht in Gemeinsamkeit aufgehen, das jeweils andere sollte, ja, musste anders bleiben.

Wenn sie jemals wieder mit einem Mann in einer Wohnung zusammenleben würde, dann würde sie vor allem für eines sorgen, nämlich dass jeder seinen eigenen Raum hatte. Denn nicht nur Jule brauchte ihr Zimmer für die Schriftstellerei, sondern sie wollte auch, dass ihre Mitbewohner, ob Kinder, Mann oder Gast, sich selbst einrichteten, ihren privaten Bereich schufen und vor allem ganz nach ihrem eigenen Geschmack gestalteten. Diese privaten Räume dachte sich Jule nicht nur materiell als Ansammlung von Möbeln und persönlichen Gegenständen an einem Ort und zu dem Zweck, sich auch mal zurückziehen zu können. Sie stellte sie sich eher als Ausdruck der Innerlichkeit derjenigen Menschen vor, mit denen sie ihr Leben teilte, ja, teilen wollte. Von jedem dieser persönlichen Bereiche in ihrer gemeinsamen Wohnung würde dann der Reiz des vertrauten Fremden oder des fremden Vertrauten ausgehen. Jeder würde seine eigene Welt schaffen, zu der die anderen beschränkt Zugang bekamen. Und natürlich, sie wäre auch jederzeit eifersüchtig auf den Raum und auf die Dinge, die den geliebten Menschen umgaben.

Die Privatsphären aller Bewohner ihres Haushalts durften sich nur in einigen zusätzlichen gemeinsamen Räumen vermischen, zum Beispiel im Wohnzimmer, der Küche und vielleicht in einem gemeinsamen Schlafzimmer. ›Nur wenn man Privatsphäre hat, kann man sie auch teilen‹, dachte Jule, ›und deshalb ist es das Schönste, einen Menschen in seinem privaten Bereich zu besuchen.‹ Jule würde an Johanns Tür klopfen und um Erlaubnis fragen, einzutreten, wie sie es schon jetzt bei ihren Kindern tat. Sie würde sich in seinem Raum auf den cremefarbenen Ledersessel setzen, der sich ihr aufdrängte, wenn sie sich sein Zimmer vorstellte. Von diesem Ort aus, den Johann manchmal in den Abendstunden zum Lesen oder Musikhören nutzen würde, würde sie ihm einfach still zusehen und seine Gegenwart genießen; und wenn er nicht da war, dann würde sie ihn an diesem Ort vermissen.

Trug nicht sowieso jeder Welten in sich, die er mit der Partnerin oder dem Partner nicht teilte, nicht teilen konnte – zum einen, weil sie in der Vergangenheit lagen, in der Kindheit oder Jugend, aus der man nur berichten konnte; zum anderen, weil sich das Leben in verschiedene Räume gliederte und niemand an allen Lebensbereichen eines anderen Menschen teilhaben konnte, wenn, zum Beispiel, der Partner zur Arbeit ging, in eine Welt, die er nur mit Kolleginnen und Kollegen teilte, oder sich im Sportclub mit Freunden traf. Warum nicht auch zu Hause jedem seinen Raum lassen?

Doch die Wohnung, die sich Jule vorstellte, gab es nicht, genauso wenig wie ein gemeinsames Leben. Jule seufzte, Johann hielt sie unverdrossen auf Distanz. Entschlossen klickte sie die Seite weg, sah die begonnene Patientenakte und konnte sich nicht überwinden, diese weiter zu verfolgen. Sie stand auf und trat an das Wasserbecken mit Peddigrohr, um ihrer Kollegin zu helfen.

*

Seit fünfzehn Minuten stand Jule in seinem Büro und redete vom Grad der Abnutzung der Ergo-Tische wie der Notwendigkeit, sie zu ersetzen. Was ihn daran störte, war ihre dienstbeflissene Sachlichkeit, die ihm aufgesetzt erschien. Denn andere Themen lagen in der Luft oder brannten ihm auf der Seele, weshalb er das Gespräch nur zu gern abgewimmelt hätte. Während er ihre Mimik und Gestik verfolgte, rauschten ihre Worte an ihm vorbei. Immer wenn er sie sah, drängte es ihn, über jenes Ereignis im Treppenhaus zu sprechen, als könne er seinen damaligen Zustand zurückholen, als könne er die OP danach aus seinem Leben wegreden. Genau dieser Widerspruch war es, was Jules Gegenwart für ihn unerträglich machte, denn sie drängte ihn in das Bewusstsein seiner Unvollkommenheit. Sobald er sie sah, wurde ihm bewusst, was er lange verarbeitet und vergessen glaubte, woran er in Klaras Gegenwart nie denken musste, nämlich dass er nie wieder eine normale Liebesbeziehung eingehen konnte, und das versetzte ihn so in Verzweiflung, dass er Jule eben lieber nicht begegnete, um nicht darüber nachdenken zu müssen.

Wie aber ihr deutlich machen, dass er ihre Gegenwart nicht wünschte?

»Johann? Johann! Was sagst du dazu?«

Ertappt blickte er zu ihr auf. Was hatte sie gesagt? Ach ja, es ging um nervige Ergo-Tische. Statt einer Antwort bemühte er sich um Zorn in seinem Blick und forschte nach ihrer Reaktion. Doch sie zuckte nicht zusammen, wie er es von anderen Kolleginnen kannte, starr waren ihre Augen auf ihn gerichtet.

Er las Verwunderung in ihren Zügen, die Frage – was soll diese Reaktion? – dann erst reagierte sie, zog die Brauen zusammen, ihr Mund wurde schmal, fest presste sie die Lippen aufeinander, und er erkannte, dass sie seinen wütenden Blick nachzuäffen suchte, was ihn endgültig aufbrachte. Konnte diese Frau denn alles mit ihm machen?

»Mir wird schlecht bei deinem Anblick. Sieh dich doch mal an! Was erwartest du von mir?«, stieß er wütend hervor und merkte, wie es ihm gefiel, sie – die ihn vor über zwanzig Jahren verschmäht hatte – abweisen zu können. Und er hatte Erfolg, Jule markierte nicht mehr die Wut, sondern war nun endgültig in Zorn geraten. Sie stand vor ihm, ihre Brust hob und senkte sich vom heftigen Atem, den seine offensichtliche Beleidigung bei ihr ausgelöst hatte.

Doch schon nach zwei, drei Sekunden wurde ihr Blick wieder klar. »Da hab' ich ein treffliches Mittel«, sagte sie, und Provokation lag in ihrer Stimme. Sie ging zur Tür und rief eine Kollegin dazu: »Johann ist übel, was sollen wir tun? Würden Sie ihm einen Kamillentee kochen?«

»Was? Wirklich?«, rief diese erschrocken und suchte in seinem Gesicht, als könne man ihm die Übelkeit ansehen.

»Kamillentee«, wiederholte Jule, »das hilft; am besten mit Kümmel.«

Sie nickte bedeutungsvoll der Kollegin zu, die klagte: »Ich weiß nicht, ob wir hier in der Küche Kamillentee haben, eher nicht ...«

»Dann soll er sich auf den Rücken legen und die Füße auf einen Stuhl ... Das hilft bei mir auch immer, wenn mir übel ist.«

»Ja, mach das!« Die Kollegin schien ehrlich besorgt, und Johann spürte, wie er in Bedrängnis geriet.

»Mir geht es gut!«, versuchte er sich herauszureden, während er Jules verstohlenes Grinsen entdeckte, von dem seine Kollegin wieder mal gar nichts mitbekam.

»Na komm«, konterte Jule sofort: »du bist kreidebleich und eben noch fast vom Stuhl gefallen. Dann versuch jetzt bitte, etwas dagegen zu tun. Schließlich musst du heute noch mit dem Rad nach Linden. Ein Kamillentee wird dir schon nicht schaden.«

»Ja, ich seh' gleich nach«, rief Frau Konrad, und machte allerdings noch immer keine Anstalten, die Tür zu Johanns Büro in Richtung Kaffeeküche zu verlassen. »Kamillentee ist todsicher, besonders, wenn man reichlich Kümmel dazugibt. Hab' ich von meiner Großmutter und die hat es von den Russen.«

Johann sah den fragenden Blick zwischen beiden Kolleginnen und wollte noch einmal darauf hinweisen, dass es ihm wirklich gut gehe und dass sich niemand um ihn sorgen müsse und dass er das nur so dahingesagt hätte und ... Doch Jule schien die Kollegin weiter bestärken zu wollen.

»Die Russen bevorzugen aber die Rosskur-Variante, Wodka mit Pfeffer und Kümmel, hilft hammermäßig und sofort gegen jede Übelkeit.«

»Das brauche ich nicht!«, fuhr er sie an.

»Natürlich brauchst du das, und zwar in ganz kleinen Schlückchen ...« Jule nickte, und seine Kollegin rannte nun doch in die Kaffeeküche.

Die Frauen hier mit ihrem Beschützerinstinkt gingen ihm schon lange auf die Nerven. Jede Einzelne schien sich notorisch zu freuen, wenn sie etwas ›Gutes‹ für ihn tun konnte. Und genau das schien sich die Katz nun zunutze zu machen, indem sie Frau Konrad, die Obermutter des Teams, einspannte. Er hätte auch einfach brüllen können, sie zusammenscheißen – aber seine Neugier auf das, was da noch kommen würde, wie und ob Jule die Situation bestand, hielt ihn zurück.

Kannte er nicht längst ihren Humor? Hatte er nicht selbst gelacht, als Jule einmal auf die Frage einer Kollegin, ob sie einen Essensrest, der da stand, wegwerfen könne, mit voller Überzeugungskraft geantwortet hatte: »Nein, das können Sie doch nicht tun. Das wäre ja völlig unökologisch«, und auf den fragenden Blick der beflissenen Kollegin, hatte sie hinzugesetzt: »Erst muss es verderben, dann können wir es wegwerfen.« Unter Johanns Grinsen hatte die Frau genickt, und Jule hatte noch einmal nachgesetzt: »Sehen Sie morgen nochmal nach, vielleicht ist es dann schon schlecht ...«

Und jetzt hatte sich Jule in eine ähnliche Situation gebracht, musste sie bestehen, ohne sich die Kollegin zum Feind zu machen.

»Ich hab' welchen gefunden und setze gleich Wasser auf«, hörte Johann Frau Konrad von weitem, und dann stand sie wieder in der Tür.

»Was hast du denn gegessen – wovon ist dir übel?«

Jule übernahm die Antwort. »Er behauptet, es läge an mir«, hörte er sie sagen.

»Was?«

Irritiert blickte die Kollegin zwischen Jule und ihm hin und her. »An Ihnen?« Wieder betrachtete sie beide stumm. »Stimmt das?«

Johann nickte und fühlte sich wie ein ertappter Schuljunge.

»Na, dann gehen Sie doch einfach«, erwiderte Frau Konrad, deren Verunsicherung sich langsam in Zorn verwandelte.

»Ich gehe erst, wenn es ihm besser geht. Machen Sie nun den Tee? Oder soll ich Wodka holen?«

»Okay ...« Frau Konrad schien aufzugeben, »... ich kümmere mich. Sie gehen, und ich mache Herrn Birkholz einen Kräutertee.«

Endlich schien Jule zufrieden, zumindest wusste sie offensichtlich nichts mehr zu antworten, schüttelte den Zeigefinger und bedachte ihn mit ihrer hoffentlich letzten Ermahnung: »Die Tische!«, rief sie ihm zu und verabschiedete sich – umständlich und mit vielen Dankesworten – von Frau Konrad, wonach diese sich noch einmal Johann zuwandte.

»Brauchen Sie wirklich den Tee?«

»Was?«, hörte er Jule, als er schon den Kopf schütteln wollte. »Wenn Sie jetzt nicht Tee kochen, dann werde ich bleiben und die sachgerechte Einnahme prüfen!«

Endlich, endlich konnte er darüber lachen.

*

Die Begeisterung der Kinder beim Malen und Basteln in Jules Ergotherapie konnte einfach nur Hochstimmung verleihen. Jule fühlte sich bei keiner anderen Tätigkeit so wohl, wie wenn sie ihre kleinen Patientinnen in ihrer kreativen Arbeit unterstützte. Das tat sie nur zweimal in der Woche, aber jedes Mal wusste sie, wofür sie täglich hierher kam.

Während sie beobachtete, wie die Wangen der einen zu glühen begannen, wie der eine oder andere in seiner Konzentration die Zunge bis zur Nasenspitze streckte und wie die Augen einiger beim Anblick ihres Werkes zu leuchten anfingen, hing sie ihren Gedanken nach. Sie dachte dann an ihre eigenen Kinder, die wohl mit derselben Begeisterung in der Kita und in der Grundschule zugange waren; und sie wünschte sich, jetzt auch ihre Kinder beobachten zu können, wie sie vor Leidenschaft glühten.

Das Schrillen der Klingel riss sie aus ihren Gedanken. Jule sprang auf und nickte ihrer Kollegin zu, dann eilte sie zur Tür. Davor standen Möbelpacker in Blaumännern. Beinahe hätte sie es vergessen – die Tische sollten ja ausgetauscht werden.

Ohne weitere Fragen schleppten die Männer die Möbel in den Vorraum, während Jule vor die innere Zugangstür sprang. »Bitte nur hier rein ...«, sagte sie, »... wir haben gerade Therapie.«

»Mhm ...«, knurrte einer der Männer, »... unn wo soll'n die hin?« Mit fragendem Blick wies er auf eine Puppenbühne, die an der Hausfront stand. Groß war sie, sperrig und abgenutzt, jedenfalls eindeutig gebraucht. Jule trat darauf zu. Sie schien intakt zu sein, selbst der Vorhang war in einem akzeptablen Zustand und ließ sich auf- und zuziehen. Aber wo sollten sie die Bühne unterbringen? Ihre Räume waren zugestellt. Sie hatten Tag für Tag Mühe, Ordnung in das Chaos zu bringen ... Und woher kam diese Bühne überhaupt? Dann sah sie die glücklichen Kindergesichter bei einem Puppenspiel. Aber wer sollte vor den Kindern eine Vorstellung geben? Oder konnte sie den Kindern die Bühne einfach zum Spielen anbieten? Die Bühne an die Kinderstation weitergeben? Das zumindest wäre zu überlegen.

»Gibt's auch Puppen dazu?«, fragte sie deshalb den Blaumann, der sich breitbeinig neben sie platziert hatte. Doch der schüttelte nur den Kopf: »Nee.«

Kurz blickte sie noch einmal zu dem verführerischen Spielgerät, dann schüttelte sie den Kopf. »Eine Puppenbühne haben wir nicht bestellt. Sind Sie sich sicher, dass sie für die Ergotherapie bestimmt ist?«

»Ja!« Der Blaumann griff zu, um sie anzuheben, doch Jule wehrte ab.

»Moment mal ...«

»Sie ist ein persönliches Geschenk von Herrn Birkholz, mit den besten Grüßen!«, rief ihr plötzlich der zweite Blaumann aus einiger Entfernung zu.

»Von Herrn Birkholz?«

Jule erstarrte, was sollte das nun schon wieder? Wollte Johann Birkholz mit dieser Bühne plötzlich einen Zug von Menschlichkeit zeigen? So leicht sollte er damit nicht davonkommen. So nicht ... und ganz bestimmt nicht mit einer abgeranzten Puppenspielbühne! Energisch wandte sie sich dem Blaumann zu, der ihr gerade zugerufen hatte, und antwortete: »Dann richten Sie Herrn Birkholz bitte mal Folgendes aus!« Die Bühne wurde wieder abgesetzt, und der Möbelträger vor ihr stützte die Hände in die Hüften.

»Es gibt hier nur zwei Möglichkeiten: Entweder Sie nehmen die Bühne wieder mit, denn wir können mit der Bühne allein nichts anfangen, oder Herr Birkholz liefert zu der Bühne auch noch die Handspielpuppen dazu. Klären Sie das, bitte sofort!«

Der Blaumann vor ihr sah unschlüssig zu seinem Hintermann. Der reagierte schnell, zückte das Telefon, wählte eine Nummer und ging noch einen Schritt zur Seite, um ein Gespräch zu führen, während Jule weiterhin vor der Tür stand, um zu verhindern, dass dieses sperrige Ding ins Haus getragen wurde.

»Für Puppen hat die Verwaltung kein Geld«, rief der Möbelträger und hielt zum Beweis das Telefon in die Höhe. »Aber Herr Birkholz hat Geld. Ich sehe also kein Problem darin, dass Puppen geliefert werden.« Wieder tauschte er sich mit dem Telefon aus, bis er zu Jule aufsah und rief: »Die Puppen werden geliefert! Herr Birkholz fragt, ob es noch weitere Bedingungen gibt.« Das hatte Jule nicht erwartet. Sie wusste, sie war unverschämt geworden, hatte mit einem Machtwort gerechnet oder dass man wütend die Puppenbühne wieder aufladen würde, aber dass Johann Birkholz auf eigene Kosten Puppen kaufen würde, nur weil sie sich hier stur stellte, nein, das nicht. Was sollte sie dazu sagen? Die beiden Möbelpacker sahen sie an.

»Nu, lassen'se uns die Bühne reintragen?«

Jule stand noch immer vor der Tür.

»Er fragt nach weiteren Bedingungen«, rief der andere, der eben wieder das Telefon ans Ohr gehalten hatte, während Jule endlich wieder Worte fand. ›Gut‹, dachte sie, ›soll er seinen Spaß haben.‹

»Wer eine Puppenbühne mit Puppen liefert«, rief sie ihm zu, »der muss den Kindern hier auch ein Stück vorspielen, mit allem Drum und Dran!« Dann lachte sie, stütze nun selbst die Hände in die Hüften und dachte: ›Nun hab' ich dich!‹ Das würde er nicht mehr mitmachen. Der Blaumann vor ihr setzte wieder die Bühne ab und sagte: »Nee, das mach' ich bestimmt nisch!«, während sein Kollege am Telefon erwiderte: »Ist gebongt: Es wird jemand ein Stück vorspielen, aber Sie werden dabei sein! Dürfen wir die Bühne jetzt reintragen?«

Jule trat zur Seite und die Männer schleppten die Bühne an ihr vorbei, als der zweite Blaumann kurz vor ihr stehenblieb.

»Ich soll ihnen noch was ausrichten, was das auch immer heißt: ›Birkholz ist wie eine Bühne ohne Puppen‹, sacht er, wenn'se wissen, was ich meine.« Sie trugen die Bühne ins

Haus, während Jule schwindlig zu ihren kleinen Patientinnen zurückkehrte, ohne zu begreifen, was da eben geschehen war.

*

Er stöhnte und strich sich mit der Rechten über die kahle Stirn. Der Antrag wuchs ihm über den Kopf, und die Chefin machte Druck, dass er bis Feierabend – in drei Stunden – fertig wurde. Gleichzeitig würde es auf ihn zurückfallen, wenn er das Anliegen der neuen Therapieeinheiten nicht so rüberbrachte, dass es überzeugte, die Mittel also bewilligt würden. Dieser Stress und die geforderte Qualität taten sich gegenseitig nicht gut. Kaum konnte er seine Gedanken festhalten – sie entwischten ihm, sobald er sie gedacht hatte, sodass er sie nicht zu Papier bringen konnte. Dazu kam, dass er sich in die neue Therapie erst einarbeiten musste, um ihre Vorteile fundiert darstellen zu können. Es ging also nicht nur ums Schreiben, er musste parallel dazu lesen, und eigentlich hätte er noch einmal mit Doktor Hensch sprechen müssen. Seine Augen tasteten über die aufgeschlagenen Bücher auf seinem Tisch … zu viel, zu viel … Wie sollte er das alles schaffen?

Kurz lehnte er sich zurück und atmete dreimal tief durch, um sich dann wieder dem Bildschirm zuzuwenden, als es klopfte.

Jule stand in der geöffneten Tür und hielt die Klinke in der Hand. Johann starrte sie an, als wäre sie eine Erscheinung.

»Raus!«, brüllte er dann und sah, wie ihr Gesicht kreideweiß wurde. Nun starrte sie mit geöffnetem Mund in sein Gesicht. Löste dann ihre Hand von der Klinke und sagte: »Entschuldige …«, schnappte nach Luft und flüsterte hastig hinterher: »… ich wollte nur einen Bleistift holen …« Dann trat sie an den Tisch, legte ihre Hand auf die Tischplatte und ergriff … nichts … als wäre es ein Stift.

»Ich gehe schon ...«, sagte sie, als sie sich wieder der Tür zuwandte.

»Stopp!« Johann sah sie an. Was war das für eine Frau? Hatte sie eben so getan, als ob sie einen Stift bei ihm holen wollte, obwohl das gar nicht ihr Ansinnen war?

»Leg' den Bleistift sofort zurück!«

Er blickte auf ihre Hand, erkannte ihr Zögern, ihre Unsicherheit – eine Unsicherheit, die er an ihr, der selbstbewussten Frau, gar nicht vermutet hätte. Jule trat wieder an den Tisch heran und legte das Nichts in ihrer Hand auf die Platte, die leer blieb, als sie ihre Hand zurückzog.

»Entschuldige«, flüsterte sie noch einmal und wandte sich erneut der Tür zu.

»Warte mal ...«

Mit dem Rücken ihm zugewandt, blieb sie stehen und drehte sich nur langsam um. Irgendetwas hatte sich in ihm getan; er spürte Wärme in seinem Bauch und eine ganz tiefe Ruhe, die von dem warmen Punkt in seinem Inneren ausstrahlte, während sie sichtlich mit der Situation kämpfte, Angst hatte, vor ihm. Das tat ihm nun leid, und er wollte seinen aggressiven Ausbruch gern ungeschehen machen, sich entschuldigen, ohne ihr in irgendeiner Weise Mut zu geben, aber wie?

»Was wolltest du?«, fragte er nun mit milder Strenge. Nun schien Röte in ihre Wangen aufzusteigen.

»Ich wollte mich bei dir bedanken ...«, erwiderte sie, immer noch unsicher, »... für die Puppenbühne und vor allem für die Handpuppen, die du gekauft hast.«

»Und was noch?«

»Ich glaube, jetzt ist nicht der richtige Zeitpunkt ...«

Jules Augen tasteten über den Bücher- und Papierberg auf Johanns Tisch, während sie sprach. Die Wärme in seinem Bauch beruhigte; er fühlte sich plötzlich wohl. Der Druck und der Stress, die ihn eben noch gequält hatten, wichen tiefer Sicherheit. Seine Gefühle waren plötzlich richtig, genauso, wie sie waren; nur deshalb forderte er sie noch einmal auf, zu sprechen: »Doch, sag schon ... Sag, was du wolltest.«

»Ich denke, wir sprechen ein andermal darüber. Du hast viel zu tun, wie ich sehe.«

Er hob die Augenbrauen, sah ihr direkt ins Gesicht.

»Na gut, ich wollte dich eigentlich fragen, ob wir mal ein kleines Puppentheaterstück aufführen ... oder wer das machen könnte.«

Aha, das war es also. Das Versprechen, das er ihr gegeben hatte.

»Ich kümmere mich darum«, erwiderte er.

»Ich dachte ... vielleicht kümmern wir uns gemeinsam darum?«

»Nein! *Ich* – kümmere mich darum.«

Jule nickte, sah ihn an, verabschiedete sich und verließ den Raum, der Johann nun anders, irgendwie verwandelt schien. Eine Weile betrachtete er die Tür, durch die sie gegangen war. Auch der Bücherberg schien nicht mehr so bedrohlich, er erdrückte nicht mehr den Tisch, wie es ihm vor Jules Auftauchen erschienen war. Von ihr war die Wärme in seinem Inneren geblieben, eine wohltuende Wärme. Er stand auf und lief zu der Stelle, auf der der imaginäre Bleistift lag, strich mit der Hand über die graue Platte und ordnete sorgsam die Papiere, die danebenlagen. Dann setzte er sich wieder an seine Arbeit. Jetzt war er sich sicher, er würde den Antrag heute noch schaffen.

Jule ging schnell, setzte hastig einen Fuß vor den anderen, als sie zum Gebäude der Ergotherapie zurücklief. ›Ich muss vorsichtiger sein!‹, schalt sie sich, ›das geht nicht, dass ich ihm hinterherlaufe.‹ Natürlich, er hatte augenscheinlich Stress gehabt, und sie dumme Kuh war einfach in seine Konzentration geplatzt, wegen eines lächerlichen Puppentheaters. Kein

Wunder, dass er sie angeschrien hatte. Wie konnte sie nur ...
und was sollten diese vermaledeiten Gefühle in ihrem Arbeitsumfeld? Konnte sie sich nicht beherrschen? Schließlich war sie
eine Mutter, wollte Vorbild für ihre Kinder sein und schaffte es
nicht einmal, Privates von Beruflichem zu trennen.

Wenn sie ehrlich war, dann hatte sie einfach Sehnsucht gehabt, das Bedürfnis, kurz mit ihm zu reden. Die Puppenbühne war ein Vorwand gewesen, zu Johann zu gehen. Aber sie
war nicht nur der Vorwand, sondern auch der Grund. Denn
das ganze Theater mit der Puppenbühne hatte Jule zutiefst ge-
rührt. Es hatte ihr an Johann einen Zug gezeigt, der sie bis
in ihr Innerstes ergriff. Johann konnte spielen, die Normali-
tät mit seinem Spieltrieb vervollkommnen; und diese Fähigkeit
traf sich mit Jules Neigungen. Den Alltag zu spielen, so wie sie
es mit dem imaginären Bleistift getan hatte, das entsprach auch
Jules Charakter. Und er war sofort darauf eingegangen und
hatte mitgezogen. Jetzt lag ein Bleistift auf Johanns Tisch, der
keiner war. Was war nun richtig? Was sollte sie tun?

Jule wusste von Johann so gut wie nichts. Er war selbst
wie ein Puppenspieler, stand hinter einer Bühne, war unsicht-
bar, nicht zu entdecken; während für die Welt die Puppen
agierten und die Zuschauer, die ihnen folgten, vergaßen, dass
ein Mensch dahinter stand. So ungefähr war Johann; und sie
selbst? – Beide *homo ludens*? Zumindest drückte sich das doch
in ihrem Umgang miteinander aus.

Jule stoppte vor der Tür der Ergotherapie, betrachtete sie,
als wäre sie etwas unerhört Neues. Die Blumenkästen davor
waren etwas dürr, darin kleine Sägearbeiten auf Stöckchen
aus der Werkstatt.

Jule musste sich entscheiden. Entweder, sie vermied jede
weitere außerdienstliche Begegnung mit Johann, oder sie lud
ihn auf ein Gespräch ein, um ihn endlich wirklich kennenzu-
lernen. So jedenfalls konnte es nicht weitergehen. Ihre Gefühle

mussten aus dem Arbeitsumfeld herausgetragen werden, nach Möglichkeit an einen neutralen Ort, wo sie wenigstens ein ehrliches Gespräch führen konnten, um zu wissen, wie es weiterging und wie sie sich weiterhin verhalten sollten.

*

Johann eilte durch das Klinikgelände, und wie so oft in letzter Zeit waren seine Gedanken bei Jule. Dreimal hatte er noch ihren Computer durchforscht, doch keine neuen Texte gefunden. Obwohl er sich täglich verbot, an sie zu denken, ertappte er sich immer wieder dabei, wie er den Schwatz mit Kolleginnen suchte in der alleinigen Hoffnung, dass sie hinzukommen würde. Er wollte ihr die Worte, die sie schrieb, ansehen, hoffte, sie hinter ihren Augen zu entdecken, in einem Blick, einer Geste, einem entschlüpften Satz. Aber Jule blieb mit Kontakten sparsam. Stattdessen sah er sie manchmal von ferne, tief versunken in Gedanken.

Johann rannte immer schneller. Er wusste nicht, ob er vor ihr weg- oder hinter ihr herlief, genau wie er ihre Schreibereien verabscheute und gleichzeitig danach suchte, nach dem Blick in ihre Seele. Aber am meisten fürchtete er sich vor sich selbst, vor seiner Suche und seiner Flucht. Denn beides verriet ihm, wie es um ihn stand, wenn er eine Erkenntnis darüber auch nicht zulassen wollte. Sobald er ein Wort für seine Verwirrung fand, verdrängt er es; sobald sich eine Lösung in ihm zeigte, verbot er sie sich; und stets unterdrückte er das Flackern seiner Erkenntnis, denn die Lösung konnte nur Jule sein.

So kam er vor dem Verwaltungsgebäude an, wollte gerade die Tür öffnen, als er Jule auf dasselbe Gebäude zusteuern sah. Schnell, damit sie ihn nicht entdeckte, schlüpfte er durch den Eingang. Im Flur hatten zwei Bauarbeiter Balken abgelegt. Er hüpfte hinüber, als er die Tür erneut ins Schloss fallen hörte.

»Johann?« Das war ihre Stimme. Erschrocken eilte er weiter zum Fahrstuhl, als er erneut seinen Namen hörte. Nun konnte er ihr Rufen nicht mehr ignorieren, drehte sich um und sah, wie Jule vor den Balken stehen geblieben war, leicht schwankend, als könne sie in der Eile doch noch darüber stürzen.

»Wartest du kurz?«, fragte sie und sah ihn bittend an.

Die Tür des Fahrstuhls öffnete sich, als sie endlich vor ihm stand. Sofort sah er Klara vor sich, Klara, die ihn seit seiner Krebstherapie begleitete, Klara, mit der er bereits Jahre verbracht hatte und die seiner Seele Ruhe versprach. Ihm wurde übel bei dem Gedanken, mit Jule in dem zweieinhalb mal zweieinhalb Meter breiten Kasten nach oben zu fahren. Doch ausweichen konnte er ihr nicht mehr. So überstieg er seine Angst und vollführte eine galant einladende Geste in den Fahrstuhl, der Jule sofort folgte.

Die Metallwände schlossen sich um sie herum, bis der Raum dicht war. Als könne Johann die Enge auf diese Weise sprengen, fragte er: »Was willst du?«

»Mit dir Kaffee trinken gehen, mit dir mal ganz in Ruhe reden.« Sie trat einen Schritt an ihn heran und löste so eine abwehrende Geste aus, die ihn plötzlich über sich selbst rasen ließ.

»*Was* willst du?«, schrie er sie an, trat an die Wand und konnte seine Gedanken nicht mehr ordnen. Klara schoss ihm wieder durch den Kopf, seine männliche Unfähigkeit, sein Widerwillen gegen sämtliche körperlichen Begehrlichkeiten, sein Hass auf alles, was mit Sex zu tun hatte; und er sah, wie Jule – ob seiner Wut – bis an die andere Wand zurückwich. Dann schrie er in den Metallraum, was er seit Jahren dachte; seit Jahren, in denen sich ihm immer wieder Frauen angenähert hatten und er sie hatte eloquent, unter Aufbietung aller seiner Kräfte, zurückweisen müssen. Seit Jahren, in denen er sich die Liebe verbot, um sich und sein Defizit nicht aufdecken zu müssen, um nicht in die Verlegenheit zu kommen, sich einer Frau zu nähern und dann an ihrem Leib zu scheitern.

»Ich würde euch alle vögeln, wenn ich könnte, eine nach der anderen! Keine würde ich auslassen!«

Jule starrte ihn an, weit aufgerissen stachen ihre Augen aus dem Gesicht. Dann streckte sie die Arme nach ihm aus.

»Umarme mich – nur einmal«, flüsterte sie; doch seine heftige Reaktion ließ sie fast zurückspringen.

Er drehte sich zur Bedienungsleiste, drückte auf »Stopp«, griff sich in den Schritt und rieb mit der Handfläche über seinen nutzlosen Schwanz, bis ihn eine Explosion erschütterte. Hitzewellen rasten durch seinen Körper bis in den Kopf hinauf, doch ruhiger wurde er davon nicht. Stattdessen wälzte er sich in seiner Wut und tobte weiter: »Ich werde euch umlegen, euch nageln, rammeln und euch fertigmachen, bis ihr um Gnade winselt, bis ihr nie wieder mit einem Mann zu tun haben wollt!«

Aus halb geschlossenen Augen sah er, wie sich Wellen in Jules Gesicht auf- und abwärts bewegten. Er stöhnte, während eine zweite Explosion in ihm verklang, und brüllte weiter: »Jetzt kriegst du, was du willst. Das willst du doch, oder? Dann nimm, wenn du willst, hier hast du es. Mehr kriegst du nicht!«

Jule wurde knallrot im Gesicht; und er fuhr fort, sich den Schwanz zu reiben und sie zu beschimpfen. Noch eine Explosion, heftig keuchte er, musste sich krümmen, um nach Luft zu schnappen, als ein helles Klingeln ihn in die Realität zurückholte. Er betätigte die Stopptaste ein zweites Mal, und ein weiteres Klingeln kündigte die Ankunft in der dritten Etage an.

»Na, hast du jetzt genug?«, stieß er hervor, während sich die Tür öffnete, warf ihr einen zornigen Blick zu, strich sich über Hemd und Hosen und rannte aus dem Fahrstuhl.

*

Die Verwarnung von Karin Klinker, der Personalchefin der Therapiestationen, hatte Jule in Verzweiflung gestürzt; und sie hatte sofort begriffen, woher der Angriff kam. Unglaublich, was hatte Johann gegen sie? Wie kam er dazu, sie derart rabiat zu behandeln und dann noch anzuzeigen? Und woher wusste er überhaupt, dass sie in ihren Arbeitspausen manchmal an Texten schrieb? Hatte er schon wieder in ihrem Computer gewühlt?

Aber das Schlimmste waren Karin Klinkers Andeutungen bezüglich emotionaler Übergriffigkeit – »... um es milde auszudrücken«, hatte sie gesagt. Wie konnte er? Schließlich hatte sich Johann im Fahrstuhl komplett unmöglich gemacht. Hätte sie – bei allem Unverständnis für sein Verhalten – nicht die Verzweiflung in seinen Augen gesehen und wären ihre eigenen verwirrten Gefühle nicht gewesen, die sie immer wieder über den Kontrast zwischen Boshaftigkeit und Verzweiflung nachdenken ließen, dann hätte sie vor Karin Klinker ausgepackt. Es wäre ein Leichtes gewesen, ihn wegen sexueller Belästigung anzuzeigen.

Oder doch nicht? Irgendetwas hielt sie zurück. Sie konnte sich nicht erklären, was dieses widersprüchliche Verhalten Johanns auslöste, warum Nähe und Distanz bei ihm so nahe beieinanderlagen. Und doch – sagte sie sich – musste da etwas sein, etwas, das sein Verhalten begründete, wenn sie auch nicht wusste, was es war.

Noch etwas hatte sie zurückgehalten. Es lag geradezu in der Luft. Jule irritierte die Beobachtung, dass Johann es irgendwie schaffte, bei den Frauen in der Klinik eine Art mütterlichen Beschützerinstinkt zu wecken. Ihr war schon lange aufgefallen, dass die Mitarbeiterinnen der Klinik dazu neigten, in Konflikt mit denjenigen zu treten, von denen sie meinten, sie könnten

Johann zu nahe kommen. Und sie sahen Johanns Schaden überall.

Genau diesen Zug hatte sie auch an Karin Klinker entdeckt, was Jule davon abgehalten hatte, ihr die Wahrheit zu sagen. Denn würde ihr Frau Klinker überhaupt glauben? War sie offen für das, was Jule zu sagen hatte? Oder hielt sie es von vornherein für eine gemeine Verleumdung? Karin Klinker hatte Jule verwarnt, sie aber nicht ein einziges Mal nach ihrer Sicht der Dinge gefragt. Jule war über eine halbe Stunde Gegenstand ihres Redens geblieben; selbst aktiv die Situation zu schildern, das hatte ihr Karin Klinker nicht erlaubt.

Woher kam überhaupt die Klage über »emotionale Übergriffigkeit«? Aus den Texten, über die Karin Klinker geredet hatte und die es nur in Jules Computer gab? Ja, sie hatte Gedichte geschrieben, das tat sie immer, wenn sie an heftigen Gefühlen litt; und sicher, sie betrafen Johann, aber woher wusste er das? Schließlich hätte sie über jeden Mann schreiben können. Oder hatte Johann nach seiner Aktion im Fahrstuhl Panik bekommen und wollte Jule anzeigen, bevor sie es tun würde? Wollte er nur einfach schneller sein? Und wieso wühlte er in ihrem Computer, wo sie ihn als Mensch doch so abstieß, dass er sich über sie beschweren musste? Oder suchte er gerade deshalb nach Gründen für eine Anklage, weil er sie so sehr ablehnte? All diese Fragen rasten Jule durch den Kopf, während sie auf Johanns Tür zulief.

Da war noch etwas, der Gedanke ließ sie plötzlich innehalten. Der Flur war leer, zum Glück; und seelisch gesunde Menschen auf Plakaten lachten auf sie herab. Sie musste kurz nachfühlen, verharren: Was war es wirklich, das sie in ihrem tiefsten Inneren zurückgehalten hatte? Offensichtlich wäre die Aktion im Fahrstuhl für die meisten Frauen ein provokanter sexueller Übergriff gewesen. Aber tief in Jules Innerem war Wärme, wenn sie daran dachte. Wo lagen die Grenzen im Umgang zwischen Mann und Frau? Was durfte man miteinander tun, und wann überschritt man die Grenze und verletzte den anderen nur noch? Ja, Jule könnte sich jetzt rächen, wenn ihr Frau Klinker zuhören würde. Aber wollte Jule das?

Nein, ihre Gefühle sagten: »Nein«. Denn hatte ihr Johann in dieser Situation nicht auch etwas gegeben, etwas ganz Privates, etwas, das nur sie teilten? Johann hatte sie nicht verletzt, hatte ihr nichts geraubt; er hatte nicht ihr etwas angetan, er hatte sich selbst etwas angetan; und dabei hatte er Jule so persönlich getroffen, wie es nur selten im Leben mit zwei Menschen geschah. So verwirrend das Ganze für Jule war, so deutlich drängte sich ihr die Frage auf, würde sie nicht genau das, was er ihr gegeben hatte, zerstören, wenn sie es zum Anlass für Rache nahm? Selbst wenn und obwohl Johann sie abwies und ihr augenscheinlich schadete? Selbst wenn es keine Zukunft für sie beide gab und das Geschehene nur ein Teil ihrer Vergangenheit werden würde?

Das war es, das war ihr letztendlicher Grund gewesen, gleichgültig, was Johann auch immer daraus machen würde. Sie wollte das, was geschehen war, nicht zum Gezerre zwischen den Mitarbeiterinnen machen. Sie wollte nicht, dass die Frauen es zerfledderten, weder um sie als Frau zu schützen und Johann in die Schranken zu weisen, noch um Jule zu zerlegen, weil sie ihm emotional zu nahe getreten wäre. Jule blickte auf die Tür, die zu Johanns Büro führte, sie sah einmal mehr den Schein des Lichtes durch die Milchglasschreibe strömen. Sie liebte ihn. Und doch, sie musste ihm die Grenzen aufzeigen; und das musste sie selbst tun, nicht die Kolleginnen, die sie nicht um Hilfe bitten wollte. Jule klopfte.

»Du?«, fragte er erstaunt, als sie in sein Büro trat, und senkte offensichtlich beschämt die Augen. Jule nickte, sah ihn an und fragte, ob sie sich setzen dürfe, während Johann noch einige Worte tippte, bevor er wieder zu ihr aufblickte. Diesmal hatte er eine professionelle Miene aufgesetzt; und sie meinte, er müsse wissen, woher Jule kam und was sie eben zu hören bekommen hatte.

»Warum«, fragte sie, »verlassen sich Menschen eigentlich nie auf das, was sie tagtäglich sehen, sondern folgen absurden Behauptungen, die sich aus völliger Ahnungslosigkeit speisen? Wochenlang haben wir gut zusammengearbeitet, dann findest du eine Halb- oder Viertelwahrheit über mich, und sofort schlägt dein Bild von mir um. Oder hattest du dieses Bild schon immer und hast nur noch ein Argument gesucht, das taugt, mich fertigzumachen?«

Da Johann sie nur verständnislos ansah, fuhr sie fort: »Wieso wühlst du in meinem Computer, und wieso hast du deine Entdeckungen sofort zur Personalchefin getragen?«

»Ich bin der Administrator und deshalb für alles verantwortlich, was mit den Dienstcomputern geschieht«, erwiderte er und machte eine Geste, als wolle er sie aus seiner Gegenwart wischen.

»Und da spionierst du in den Dienstcomputern rum und trägst alles, was du verwerten kannst, weiter? Hast du keinen Respekt vor der Privatsphäre anderer?«

Betont gleichgültig zuckte Johann mit den Schultern. »Das ist mein Job.«

»Hast du das Internet offen? Dann such mal den Begriff ›Denunziant‹.«

Johann grinste, und tatsächlich gab er etwas über die Tastatur ein. ›Er scheint sich seiner sehr sicher‹, dachte Jule, stand auf, trat um den Tisch herum von hinten an ihn heran, überhörte das Kribbeln in ihrem Bauch und las über seine Schulter hinweg laut vor: »Unter Denunziant versteht man eine Person, die aus persönlichen, niedrigen Beweggründen einen Mitmenschen bei der Obrigkeit anzeigt, um darüber einen persönlichen Vorteil zu erlangen.«

Dann richtete sie sich auf; und während sie zu ihrem Stuhl zurücklief, fragte sie: »Und? Was ist dein persönlicher Vorteil?«

Johann schwieg, er schien zu überlegen, doch Jule ließ ihn nicht weiter nachdenken.

»Ich jedenfalls ...«, vergaß sie nicht zu erwähnen, »... habe die Szene im Fahrstuhl für mich behalten. Was man auch immer darüber denken könnte. Wieso also denunzierst du den Inhalt meines Computers und zeigst mich als übergriffig an?«

»Es muss immer etwas vorhanden sein, das man denunzieren kann; und ich habe genügend gefunden.«

»Wenn ich mich während der Arbeitszeit mit Yoga entspannen würde, dann würdest du auch nichts sagen.«

»Aber du machst kein Yoga.«

»Mein Schreiben ist auch nur eine Entspannungspraxis, und ich nutze nur die Pausen dafür.«

Sein Grinsen brachte Jule auf, beinahe hasste sie ihn nun für seine Selbstgefälligkeit.

»Vielleicht versuchen wir doch noch, friedlich zusammenzuarbeiten ...«

»Nein!« Johann schüttelte den Kopf.

»Bist du fest entschlossen?«, fragte Jule erneut und konnte seine Reaktion einfach nicht begreifen. Johann bestätigte ihre Befürchtung mit einem Nicken, worauf Jule wutentbrannt aufsprang.

»›Der größte Lump im ganzen Land ...‹«, schleuderte sie ihm entgegen, »›... das ist und bleibt der Denunziant!‹ Oft zitierter Spruch in der DDR, den du vermutlich nicht kennst«, und rannte aus dem Zimmer. Johann hatte ihr den Krieg erklärt.

*

56

Er hatte sie, Jule saß in der Falle. Vermutlich war ihr die Szene im Fahrstuhl so peinlich, dass sie nie darüber reden würde, und mehr Argumente gegen ihn hatte sie nicht. Er dagegen kannte ihre Gedichte und hatte herausgefunden, dass sie unter einem Künstlernamen als Autorin aktiv war. Allein das reichte aus, um in der Chefetage gründlich Misstrauen gegen sie zu schüren. Wer mochte schon in Gefahr sein, Gegenstand eines öffentlichen Textes zu werden? Nicht die Führungskräfte hier an der Klinik; und damit hatte er bereits Karin Klinker komplett auf seiner Seite. Spätestens, nachdem sie den Autorennamen recherchiert und die Fotos gesehen hatte, war ihr der Fall nicht mehr gleichgültig gewesen. Da war die emotionale Übergriffigkeit, von der er gesprochen hatte, nur noch das Sahnehäubchen auf der Torte, um Jule endgültig zu disqualifizieren.

Zufrieden lehnte er sich zurück und verschränkte die Arme hinter seinem Kopf. Jule hatte erst fünf von sechs Monaten Probezeit absolviert, er hatte also noch Zeit. Dann nahm er einen Schluck Kaffee.

Jule, dieses Mädchen verfolgte ihn nun seit über zwanzig Jahren. Es war ihm klar, wie sehr er ihr Unrecht tat. Aber was sollte er tun? Mehr als er ihr im Fahrstuhl gegeben hatte, war in seinem Leben nicht mehr drin. Doch sie löste immer wieder das Bedürfnis in ihm aus, über sie herzufallen, sie zu besitzen, mit ihr das zu tun, was nicht möglich war. Diese Anforderung hatte Klara an ihn nicht. Jule ahnte wahrscheinlich nicht einmal, was ihre Gegenwart mit ihm machte; und, noch schlimmer – es war nicht nur ihre physische Nähe, es war auch die seelische Nähe in ihren Texten, die ihn nahezu um den Verstand brachten. Wie er es auch drehte und wendete, Klara tat ihm gut, Jule löste Schmerzen aus; und Letzteres konnte er nicht gebrauchen. Und so beschloss er einmal mehr, er würde Nägel mit Köpfen machen. Er würde seine langjährige Lebensgefährtin heiraten. Morgen, gleich morgen, wollte er nach einem Verlobungsring suchen. Diese friedliche Ruhe ...

Klara war gekommen. Johann hatte seine Zeitung beiseitegelegt und ihr eine Tasse Kaffee eingeschenkt. Dazu stellte er Milch. Ohnehin hatte er sich nicht auf die Lektüre konzentrieren können, stattdessen waren seine Gedanken immer wieder zu Jule und ihrer spröden Art, vor allem aber zu ihrem letzten hasserfüllten Satz, gewandert. Irgendwie wurde er sein ungutes Gefühl nicht los; und als Klara ihn wiederholt aufforderte zu erzählen, rutschte es ihm heraus: »Ich wurde heute als Denunziant beschimpft ...«

Klaras fragendem Blick wich er aus, stattdessen gestand er ein: »... und irgendwie hat sie auch recht.«

»Wer?«, fragte Klara; und Johann begann zu erzählen. Er berichtete von seinen Gründen, Jule einzustellen, von der Umarmung vor mehr als zwanzig Jahren, von den Gedichten und der Erzählung in ihrem Computer, von seinen Gefühlen sagte er nichts.

»Ich will das nicht«, erklärte er stattdessen immer wieder. »Ich will einfach keine Nähe zwischen ihr und mir, keine Beziehung, nicht einmal eine freundschaftliche. Klara ...«, Johann fasste nach ihrem Arm, »... nur du verstehst mich. Du bist die einzige Frau, die mich und meine Probleme kennt. Wir beide, wir haben dieselben Probleme; und deshalb ist es für mich besser, wenn sie wieder geht. Also werde ich auch dafür sorgen, dass sie gehen muss.«

Klara sah ihn lange an, ein Blick, testend und prüfend, wie er ihn nur von ihr kannte. Sie schien mit ihren braunen Augen direkt in ihn hineinsehen zu können; und tatsächlich, sie war die einzige Frau, zu der er uneingeschränkt Vertrauen hatte. Was würde sie sagen? Würde sie ihn abstrafen für die Intrigen gegen eine Frau, die er in den letzten Wochen losgetreten hatte?

Doch Klara fragte nur nach den Inhalten der Texte, nach Jules Verhalten ihm gegenüber, nach Gesprächen mit ihr und danach, wie er sich selbst dabei fühle. Dann nickte sie noch einmal, bevor sie erklärte: »Johann, du musst jetzt sehr gut überlegen, was du tust, denn das hat Folgen, nicht nur für sie, sondern auch für dich.« Sie sah ihm direkt in die Augen, als sie fortfuhr: »Du willst mit ihr und ihren Gefühlen nichts zu tun haben, das glaube ich dir. Seitdem ich dich kenne, bist du jeder Frau ausgewichen. Du tust das auf deine Art, aber ich habe es immer wieder beobachtet, auch, dass du bestimmte Frauen besonders meidest, nämlich diejenigen, die deinen Gefühlen zu nahe kommen könnten. Jule kannst du aber nicht ausweichen. Ihr seid Kollegen, arbeitet in einem Haus, daher kommt dein Widerwillen. Johann ...«, sagte sie, »... es tut mir leid, wenn ich es so offen sage, denn es betrifft auch uns. Ich will dich nicht verlieren, aber ich ahne, was in dir vorgeht.«

Wieder schwieg sie einige Sekunden, schüttete etwas Milch in den Kaffee und trank einen Schluck. Dann sah sie ihn erneut an. »Johann, ich glaube, du hast dich in sie verliebt. Das, nur das ist dein Problem; und es ist auch kein Wunder, bei der Geschichte, die ihr beide teilt.«

Alles in Johann wollte sich aufbäumen, doch sein Körper drückte ihn nieder. Sein Leib fühlte sich plötzlich so unglaublich schwer an, dass er sich nicht einmal auf seinem Stuhl aufrichten und Klara gerade und offen in die Augen sehen konnte, um ihr zu sagen, dass ihre Vermutung keinesfalls zutreffe. Also sagte er nichts.

»Hast du schon mal überlegt, was es mit dir macht, wenn du eine Frau, die dir früher geholfen hat – und sie hat dir damals Mut gespendet und Kraft gegeben – wenn du dieselbe Frau ruinierst? Was wirst du, wenn Jule wegen dir gehen musste, an Gefühlen mit in deine Zukunft schleppen? Glaub nicht, dass du das Ganze einfach vergessen kannst und so weiter leben wie vor eurer erneuten Begegnung.«

Johann starrte vor sich hin. Was sollte er auch dazu sagen? Er wusste doch selbst, was er fühlte; und genau deswegen wollte er Jule loswerden. Denn das, was sie wollte, konnte er ihr nicht geben. Und Klaras Bedenken? Musste er die Situation, die – laut Klara – vor allem seine Situation war, grundsätzlich neu durchdenken? Er hatte doch eine Lösung gefunden. Doch hatte er bislang nur an den Moment der Befreiung gedacht, an den Moment, in dem Jule nicht mehr in der Klinik erschien, ihm nicht mehr begegnen würde. Klara fragte aber nach der Zeit danach. Reichte seine Abneigung dafür aus? Er hatte Jule in über zwanzig Jahren nicht vergessen, würde er sie jetzt vergessen können?

Scheu blickte er zu Klara auf, die in ihrem Kaffee rührte. Er betrachtete ihr braunes Haar, ihre intelligenten Züge in dem vertrauten Gesicht. Da wusste er, Klara wartete nicht auf eine Antwort, zumindest nicht sofort.

Als sie im Nieselregen dem Roten Theater zustrebte, Christa entgegen, sprang er ihr geradezu in den Weg. Er war größer als Anika, überragte sie um fast einen Kopf, ein schlanker Mann mit dunkelblondem Haar, nicht lang und nicht kurz geschnitten, und einem Spitzbart. Erschrocken bemerkte sie sein Lächeln, versuchte sich zu erinnern, doch vergebens. Dieses Gesicht hätte sie nicht vergessen. Was wollte der Fremde? Der streckte ihr die Hand entgegen, als seien sie alte Bekannte.

»Kennen wir uns?«

»Ich hab' mich dir schon einmal in den Weg gestellt«, erwiderte er lachend, »und du bist gestolpert. Ich möchte dir sagen, dass es mir leid tut.«

Anika – nun vollends verwirrt – winkte ihre Freundin heran. »Ich wüsste nicht, wo wir uns schon begegnet sind.«

»Nicht persönlich – aber ich bin dein Nachfolger im Sozialverband. Erinnerst du dich?« Frech grinste er sie an. »Du hast es doch gerade erst verlassen.«

Die Offenbarung traf Anika wie ein Schlag, das Blut stürzte aus ihrem Gesicht. Zum Glück trat Christa an sie heran, und Anika konnte nach deren Arm greifen.

»Und da kommst du jetzt und willst mir sagen, dass es dir leid tut?« Sein unverhohlener Optimismus brachte sie auf die Palme. »Was tut dir denn leid? Dass du eine Stelle hast? Oder dass du die Stelle auf meine Kosten hast?«

Endlich schienen sich die Züge zwischen dem schmalen Schnauzer und dem Spitzbart zu lösen. Nun zeigte er doch etwas Unsicherheit und musste sich spürbar winden: »Es ist einiges nicht gut gelaufen, das tut mir leid, auch dass ich davon profitiert habe. Die Dinge sind wie sie sind, sie lassen sich nicht zurückdrehen, und ich denke, wir können uns jetzt versöhnen.«

»Versöhnen?« Anika konnte es nicht fassen. »Versöhnen? Kann ich deine Versöhnung meiner Tochter aufs Brot schmieren? Oder ihr Kleider davon kaufen? Bringt sie mir meinen Job und mein Einkommen zurück, mit dem ich mein Kind ernährt habe?«

»Ich habe es ja schon gesagt, es tut mir leid«, erwiderte er. »Ich habe nicht dafür gesorgt, dass du gehen musstest. Ich habe einfach den Job bekommen, den du verlassen hast. Ich bin in derselben Situation wie du, Studium und seither ständig auf der Suche nach Jobs, Befristungen, kleines Einkommen, Unsicherheit, ALG I und Hartz IV. Der Kampf um die wenigen Stellen ist eben hart! Also lass uns Frieden schließen!«

»Der Kampf ist hart?!«, brach es aus ihr heraus. »Und er wird vor allem mit unfairen Mitteln geführt.« Anika starrte ihm geradewegs in die Augen. Sollte sie jetzt gegen ihren Hass ankämpfen?

»Zufällig – jedenfalls – hast du den Job nicht bekommen; erst recht nicht, indem du dich auf freie Stellen beworben hast. Bist du nicht der Kumpel, dem Alfons eine Stelle im Verband besorgen wollte? Davon haben wir schon Monate vorher gehört, selbst kinderlos, aber zusammenlebend mit einer Freundin, die zwei Kinder hat! Stimmt's? Warum bist du aus dem Jobcenter geflogen? Und tanzt ihr nicht zusammen nach ›Keine Macht für niemand‹? – Ein bisschen Macht, schon macht das Intrigieren Spaß, oder?«

Nun schwieg der Fremde, das verschwörerische Blinzeln war verschwunden.

»Weißt du was?« Anika suchte nach Worten. »Ich nehm' mir jetzt dein Fahrrad. Du brauchst es zwar mehr als ich, aber ich möchte es auch gern haben. Der Kampf ist eben hart auf der Straße«, erklärte sie. »Ich biete dir auch Versöhnung an. Wir wollen ja schließlich keine schlechte Stimmung, oder?«

Nun schien er sprachlos.

»Aber«, fragte Anika dann – »wieso willst du dich überhaupt versöhnen? Mein Frust kann dir doch völlig egal sein.«
Nun kehrte das Grinsen in sein Gesicht zurück. »Ich habe eine Bitte.«
»Was ... eine Bitte?« Der Fremde ließ ihr keine Zeit zum Nachdenken.
»Du jobbst doch gelegentlich beim Radio ... wir wollen eine Sendung machen ...«
»Ist das dein Ernst ...?« Anika konnte nicht glauben, was sie da hörte. »Du brauchst einen Job und lässt dir eine Stelle freiräumen, ohne Rücksicht auf Verluste, und dann hast du einen neuen Wunsch und fragst dein Opfer ...? Soll ich jetzt beim Radio jemanden rausmobben für dich?«
Abrupt wandte sie sich ab und zog ihre Freundin Richtung Café. Erst in der Tür fragte Christa: »Was war denn das?« Anika stöhnte auf. »Ich erzähl' es dir gleich.«

*

Alfons hatte sich gut überlegt, wie er vorgehen wollte. Erst vor einigen Wochen war er Teamleiter geworden; und die Entscheidung war denkbar knapp ausgefallen. Anika, immer diese Anika.

Anika Krier war von seiner Vorgängerin eingestellt worden, und im Gegensatz zu ihm war es ihr gelungen, diese von sich zu überzeugen. Immer wieder hatte er sich die Begeisterungsstürme seiner ehemaligen Chefin über die engagierte neue Kollegin anhören müssen, und es war ihm aus den Ohren wieder herausgelaufen, besonders weil Anika sich auch bei anderen Kolleginnen des Sozialverbands beliebt machte. Anika war promoviert wie er, Geisteswissenschaftlerin, wie er in der Wissenschaft gescheitert und nun permanent auf Stellensuche. Sozialverbände boten sich als Arbeitgeber für abgehalfterte

Wissenschaftlerinnen an, doch der Druck auf die wenigen Stellen war groß und die Gehälter klein. Dass Anika erst sechs Monate im Verband war, als die Teamleiterin ging, war sein Glück gewesen, denn er konnte zwei Jahre dagegenhalten. Und seine Drohung, im Falle von Anikas Beförderung das Team zu verlassen, hatte das Seine bewirkt.

Katja, die Regionalleiterin, hatte er darauf hingewiesen, dass zwei Abgänge die Arbeit des kleinen Teams von zwei verbleibenden Mitarbeiterinnen gefährden könnten, denn es würde zwei bis drei Monate dauern, bis die Neuzugänge in das komplizierte Beratungsfeld eingearbeitet waren. Dazu kam, dass eine fünfte Stelle geschaffen worden war, sodass mit seinem Fortgang drei neue Mitarbeiterinnen von zwei Verbleibenden eingearbeitet werden müssten. Das konnten Anika und ihre Kollegin nicht stemmen, und so war die Wahl auf ihn gefallen.

Nach einer Promotion in Kulturwissenschaften und jahrelangem prekärem Dienst, weit unter seiner Qualifikation, war er nun zum Teamleiter der Beratungsstelle aufgestiegen. Doch dass er seine Beförderung erst hatte erzwingen müssen, das ärgerte ihn, und Anika Krier war nach wie vor eine Bedrohung für seinen Erfolg. Sobald die Neuen eingearbeitet waren, konnte man ihn leicht durch sie ersetzen. Er hatte also Vorsorge zu treffen. Doch was nun zu tun war, das musste gut überlegt sein. Genau darin sah er seine Stärke.

Alfons lächelte. Seine erste Aufgabe waren die Bewerbungsgespräche für die beiden Neuen gewesen, bei denen ihm die Regionalleiterin zur Seite gestanden hatte. Es hatte sich wieder einmal erwiesen, dass die Sozialarbeit zunehmend zum Auffangbecken von arbeitslosen Akademikerinnen geworden war. So hatte er eine breite Auswahl gehabt und streng darauf geachtet, Argumente für Bewerberinnen zu finden, die es Anika Krier nicht leicht machen würden. Denn seine Rivalin hatte besonders eine Schwäche: Sie war es gewohnt, selbstständig zu arbeiten und wollte unabhängig bleiben. Strukturen lagen ihr nicht, je starrer die Strukturen und je stärker die Kontrolle, desto unwohler würde sie sich fühlen. Es würde nicht lange dauern, und sie würde mit ihrer unkonventionellen Art anecken. Da war er sich sicher.

So hatte er sich für eine sehr disziplinierte, ehemalige Mitarbeiterin des Jobcenters entschieden: Birte Klee, eine Anglistin, anpassungsfähig, fleißig und perfekt dafür, die Hierarchie des Teams zu zementieren. Seine besondere Überraschung für Anika aber war eine sehr dominante Frau mit hochfliegenden Ambitionen, die eine Weiterbildung nach der anderen in Personalführung absolvierte und während des Bewerbungsgesprächs mehrfach Gender-Themen ansprach, heftig in Beschwerdereden verfallend. Sabrina Müller war Kulturwissenschaftlerin – wie er – und karriereorientiert, ein Kontrollfreak, und vom ersten Tag an würde sie um eine herausragende Position im Team kämpfen.

Das Beste an den Neuen aber war, dass sie beide dazu neigten, ihre ehemaligen Kolleginnen in ein schlechtes Licht zu rücken. Und genau diesen Zug wollte er sich zunutze machen – er war die beste Waffe, die er finden konnte.

Alfons blickte auf die Uhr, dreiviertel zehn. Er musste los. In fünfzehn Minuten würde er die Neuen zum zweiten Einführungsgespräch begrüßen und ihnen das »Du« anbieten, eine erste Maßnahme, sie in seine Pläne einzubeziehen. Er lachte in sich hinein. Wie nützlich hatte es sich erwiesen, dass seine Frau als Berufscoach sich Tag für Tag die Geschichten Gescheiterter anhörte? Jahrelang hatte sie aus dem Nähkästchen geplaudert, wie Menschen in ihrem Arbeitsumfeld mattgesetzt wurden, so ruiniert, dass sie ihr Tätigkeitsfeld wechseln mussten und ihre Beratung benötigten, um herauszufinden, wie sie sich beruflich neu orientieren könnten. Bei Heike hatte er sich Rat gesucht, und mit ihr hatte er die Bewerbungsmappen studiert, stets darauf hinweisend, wie gefährlich Anika für ihn werden konnte. Heike hatte ihm geglaubt, dass Anika ihn um seinen Arbeitsplatz bringen würde, wenn er sie nicht vorher beseitigte. Sie hatte ihm die ultimative Strategie erklärt, wie man Unfrieden im Team schafft, um nachher die Konkurrentin auszuschalten; wie man eine Mitarbeiterin dazu brachte, sich selbst zu diskreditieren, damit auch die Vorgesetzten begriffen, dass sie untragbar sei.

Und dann war da noch Max, sein geistreicher Freund, der vor Kurzem arbeitslos geworden war, Philosoph und ein geneigter Gesprächspartner, mit dem es nie langweilig wurde. Alfons würde sein Team umbauen, das stand nun fest, und da kam es ihm gerade recht, dass Max einen neuen Job suchte. »Was willst du beim Jobcenter?«, hatte er ihn gefragt. »Dort arbeiten doch nur Idioten. Mit ein bisschen Geduld und bis dein ALG I abgelaufen ist, beschaff' ich dir einen Job in meinem Team.«

Max hatte ihm dankbar gegen den Arm geboxt, und Alfons Gesicht überstrahlte das Glück seiner neuen Macht. Nach Jahren der Depression fühlte er endlich Aufwind.

Es klopfte. Sabrina und Birte standen vor dem Beratungsraum, in den er sich mit ihnen zurückziehen wollte, um unbehelligt von seinen beiden dienstälteren Mitarbeiterinnen mit ihnen reden zu können. Bereits an der Tür reichte er ihnen die Hand.

»Da wir nun Kollegen sind, können wir uns gerne duzen. Wir werden ja ab sofort auf engstem Raum zusammenwirken«, versuchte er einen Scherz in Hinblick auf ihr übersetztes Büro. Erfreut nahm er Birtes diszipliniertes Lächeln und Sabrinas freudiges Strahlen zur Kenntnis. Die beiden hatte er bald in der Tasche.

*

Glücklich ließ sich Sabrina auf den Bürostuhl fallen und klickte den Bildschirm an. Wenn das Büro nicht mit fünf Computerarbeitsplätzen vollgestopft wäre, wenn sie einen kleineren Raum allein mit Birte hätte teilen können, dann hätte sie jetzt die Gelegenheit genutzt, mit dieser erst einmal das Gespräch Revue passieren zu lassen. Stunden hätte sie jetzt klatschen können, so voll war sie von dem Gehörten, so glücklich über die Ereignisse.

Dass sich ihr sofort eine Möglichkeit eröffnen würde, sich auf ihrer neuen Arbeitsstelle zu profilieren, hätte sie nie gedacht. Gewöhnlich musste man erst wochenlang duckmäusern und Disziplin üben, ehe sich die Gelegenheit ergab, zu zeigen, was man wirklich kann. Diese leidige Phase der Unterordnung blieb ihr nun erspart, stattdessen hatte sie die Möglichkeit, sofort aktiv zu werden und sich eine führende Position im Team zu erobern. Alles Weitere würde sich dann ergeben. Darauf arbeitete sie zu, ehrgeizig und zielstrebig – wie es in ihren bisherigen Dienstzeugnissen stand.

Während Sabrina so tat, als würde sie Dateien öffnen, um an ihnen zu arbeiten, wanderte ihr Blick zu den beiden älteren Mitarbeiterinnen. Anika und Amira, beide familiär gebunden, um die vierzig, zehn Jahre älter als Birte und sie. Dieser Umstand – und dass sie selbst ledig und kinderlos war – konnte sich als klarer Vorteil in der Gunst der männlichen Kollegen erweisen. Amira war darüber hinaus kein Problem. Wie sie erfahren hatte, stammte sie aus Palästina, eine bescheiden lebende und arbeitende Muslimin, die sich spürbar im Hintergrund hielt. Sie sprach kaum und wenn doch, dann über familiäre Belanglosigkeiten, war gutmütig und sorgsam darauf bedacht, zwischen sich und den Kolleginnen Frieden zu wahren. Bereits in der einen Woche, die Sabrina in dem engen Büro arbeitete, hatte Amira sich mehrfach ängstlich versichert, ob es Grund für Unzufriedenheit mit ihr gebe. Es würde mit der Zeit ein wenig nerven, Amira immer wieder zu beruhigen und ihr zu versichern, dass alles in Ordnung sei, ansonsten konnte Sabrina sie übergehen. Amira ordnete sich selbst unter. Oder nicht ganz? Vielleicht lag es doch nahe, Amira nicht aufzustören. Denn vor den anderen Mitarbeiterinnen konnte die Palästinenserin wegen ihrer Arglosigkeit leicht als Opfer erscheinen. Das heißt, gegenüber ihr war es erste Pflicht, sie nicht zu verunsichern. Eine Klage von der zurückhaltenden Amira über sie könnte vielleicht größeren Schaden anrichten. Anders Anika. Wenn Anika über sie klagen würde, hätte sie schon halb gewonnen. Sabrina lächelte in sich hinein, und doch – auch das war nicht einfach. Anika war ernst zu nehmen, wenn sie auch sichtlich die Gunst von Alfons verloren hatte. Wusste sie das überhaupt? Oder war ihr völlig unklar, was Alfons ihnen eben aufgetragen hatte? Das konnte sein, denn sie strahlte in ihrem ganzen Umgang mit Alfons und ihnen selbstbewusste Unbefangenheit aus. Sie schien sich ihrer Position im Team sicher, scherzte und spottete, als wäre sie nicht unter Kolleginnen, sondern unter Freunden; und sie unterwies Birte und sie in ihre neuen Aufgaben mit einer Freizügigkeit, als gäbe es keinen Grund, Ressourcen zurückzuhalten, um die eigene Position zu sichern. Ihre größte Schwäche war also ihre Naivität, mit der sie im Team agierte, für die Sache und ohne Bewusstsein für mögliche Risiken.

Sabrina selbst hatte schmerzhaft von den Risiken der Karriereplanung gelernt. Eine normale Arbeit, als kleines Puzzleteilchen eines Teams, langweilte sie. Sie wollte nicht ein Ganzes vervollständigen, sie wollte einem Ganzen vorstehen. Tägliche routinierte Pflichterfüllung ohne Ansprüche lag ihr nicht, erstickte sie eher, als dass sie ihr ein Gefühl von Sicherheit gab, wie es Amira wohl suchte. Sinn in der Arbeit fand sie nur, wenn sie Verantwortung tragen und selbstbewusst agieren konnte. Und dafür durfte sie nicht das letzte Glied in der Kette reiner

Befehlsempfänger sein, eine Mitarbeiterin, die nur umsetzte, was andere ihr auftrugen; sondern sie musste aufsteigen in der Hierarchie, um Entscheidungen treffen und von anderen umsetzen lassen zu können. Erst dann würde sich Begeisterung unter die Arbeit mischen, die sie tagtäglich verrichtete. Vor einem halben Jahr hatte sie noch gedacht, sie hätte genau das geschafft. Über einen Kontakt war sie zur immerhin bezahlten Geschäftsführerin eines Vereins aufgestiegen. Doch die Position mit dem gut klingenden Namen hatte sich als Sackgasse erwiesen. Da sie die einzige bezahlte Kraft war, hatte bei allen anderen Mitwirkenden die Motivation gefehlt, ihr zuzuarbeiten und ihre Entscheidungen zu respektieren. Alles war an ihr hängengeblieben, und die Berge von Büroarbeit hatten sie aufgefressen, während sich die Sitzungen der Ehrenamtlichen, die Diskussionen in gähnende Länge zogen; und sie hatte schließlich erkennen müssen, dass sie nichts weiter als eine mittelmäßig bezahlte Schreibkraft war, die Papiere zu ordnen hatte und die nicht führte und anleitete, sondern demokratisch gefasste Beschlüsse umzusetzen hatte. Als sie sich wehrte und es zu Unstimmigkeiten kam, hatte man sie kurzerhand entlassen. Aber sie würde nicht aufgeben, sie nicht.

Um ihre Chancen zu erhöhen, hatte sie sich beim Arbeitsamt sofort um eine Weiterbildung in Personalführung beworben. Diese Katastrophe würde ihr nicht noch einmal passieren. Und wer weiß, mit einem entsprechenden Zertifikat traute man ihr vielleicht auch eine Führungsposition zu, ohne dass sie entsprechende Erfahrungen vorweisen musste. Und ihr erstes Anliegen an Alfons war gewesen, diese Weiterbildung im Rahmen ihrer Arbeitszeit fortsetzen zu können. Alfons war ihr entgegengekommen und hatte den Wunsch bei Katja und dem Geschäftsführer durchgesetzt.

Und das war nicht alles. Ihr neuer Teamleiter hatte eben Birte und ihr erläutert, warum er sie unter den zahlreichen Bewerberinnen ausgewählt hatte. Er wünsche sich mehr Struktur im Team, und ihnen traue er zu, diese mit ihm zu gestalten. Damit hatte er Sabrinas Intentionen derart auf den Punkt getroffen, dass es ihr fast die Sprache verschlagen hatte, ihr, die sie doch jede Diskussion suchte und gewann. Struktur in einem Team, dem sie vorstand und das sie organisierte, das war, was sie sich uneingeschränkt zutraute. Genau darin sah sie Sinn und ihre große Stärke. Und sie hatte Alfons' Erzählungen nur nickend folgen können, der ihnen umständlich auseinandersetzte, dass die Strukturen des Teams unter seiner Vorgängerin gelitten hätten, ja, dass einige Mitarbeiterinnen wohl dächten, sie befänden sich in einem Vakuum und könnten nach Belieben agieren. Besonders Anika würde sich verhalten, als gälte es, nicht an einem Strang zu ziehen; und um Möglichkeiten einer Verbesserung des Teamklimas zu eruieren, würde er sie zunächst bitten, seine Mitarbeiterinnen während der Einarbeitung zu prüfen und ihn regelmäßig über ihre Beobachtungen zu unterrichten. Sie könnten ihm auch gern Vorschläge machen, was an der Arbeit und am Verhalten der anderen Mitarbeiterinnen verbesserungswürdig sei, worüber man dann gemeinsam sprechen und entsprechende Maßnahmen einleiten könne.

Besser ging es nicht, dachte Sabrina, das war der Freifahrtschein, sich – nach Alfons – die wichtigste Position im Team zu erobern, um dann auf die nächste freiwerdende Teamleiterstelle zu wechseln. Birte würde ihr nicht im Wege stehen, ja, wenn sie Birte richtig einband, dann würde sie ihr zuarbeiten und sie unterstützen, wo sie nur konnte. Auf ihre neue Kollegin und vielleicht auch Freundin konnte sie sich verlassen.

Endlich Mittag – Birtes Pünktlichkeit zeigte die Pause an, denn sie packte ihre Mahlzeit aus. Seit ihrer beider Einstellung fragte sie stets mit der Tupperdose in der Hand, ob Sabrina mit nach unten komme, und auch Alfons griff nach seinem Rucksack und schloss sich ihnen an. Sabrina fiel sofort auf, dass Alfons weder Amira noch Anika fragte, ob sie mit ihnen essen wollten. Im Gegenteil, er würdigte sie keines Blickes, und als Alfons' Wahl auf einen quadratischen Tisch fiel, an den nur vier Personen Platz fanden, wurde ihr klar, Alfons wollte nicht mit den beiden anderen Kolleginnen zu Tisch sein. Er wollte mit Birte und ihr essen – im Gegensatz zu Anika und Amira genossen sie seine Sympathie.

Vorsichtig genug, sich nicht auf diesen kleinen Vorsprung zu verlassen, sprach sie Alfons sofort auf sein Lieblingsthema an, das Fach, in dem er seine Doktorarbeit geschrieben hatte, Kulturwissenschaften, und sparte nicht mit bewundernden Worten über sein profundes Wissen und seine scharfsinnigen Schlüsse. Sie hatte Übung und sprühte Charme, die Langeweile, die bei seinem Referat aufkam, ließ sie sich nicht anmerken, und als ihr sein Monolog doch zu viel wurde, wechselte sie in einen scherzhaften Umgangston und verfiel mit Birte und Alfons in Smalltalk; schließlich wollte sie sich entspannen. Und während sie plauderten, fiel ihr auf, dass Anika sich zu den anderen Mitarbeiterinnen des Sozialverbands gesellte und dort herzlich begrüßt wurde.

Etwas war Sabrina unklar geblieben: Was wollte Alfons eigentlich? Warum setzte er Anika so unter Druck? Hatte es Streit gegeben, standen sie in Konkurrenz zueinander? Jedenfalls konnte es mit Alfons' Hang zur Struktur nicht weit her sein, denn so unkoordiniert und kompliziert, wie er ihnen die Wege der Anerkennung ausländischer Berufsabschlüsse auseinandersetzte, zu denen sie bald selbstständig Klienten beraten sollten, schien Strukturiertheit nicht gerade seine Stärke zu sein. Er sah Probleme und Schwierigkeiten, wo es keine gab. Wo diese wirklich angesiedelt waren, das sah er hingegen nicht. Er erklärte über tausend Umwege, brachte seine Gedanken nicht auf den Punkt und verstrickte sich in theoretischen

Abhandlungen zu Themen, die mit der eigentlich zu bedenkenden Problematik nichts zu tun hatten. Warum suchte gerade einer wie er nach Struktur in seinem Team? War es seine Hilflosigkeit, die Koordination des Teams zu meistern, die ihn dazu veranlasste, um ihre Unterstützung zu bitten?

Alfons schien ein Problem mit Anika zu haben, und diese schien davon nichts zu wissen oder nichts wissen zu wollen; und obwohl Alfons ihnen eine ideale Ausgangsposition im Sozialverband bot, war es doch Anika, dank deren Erläuterungen und Hilfestellungen sie schnell in der Einarbeitung Land sahen.

Sie hatte sich selbst gerade erst vor einem halben Jahr eingearbeitet und hatte sich Hilfsmittel zu allen relevanten Sachverhalten geschaffen, zu den Berufen, den Herkunftsländern der Absolventen, den Anerkennungsstellen in Deutschland, ja, sie hatte unzählige Empfehlungen geschrieben, die man im Fall einer Beratung zu einem bestimmten Beruf nur abrufen musste und an den jeweiligen Klienten anpassen. Solange Birte und sie die verschiedenen Anerkennungswege noch nicht in ihrem eigenen Gedächtnis gespeichert hatten, mussten sie nur in Anikas systematisch geordneten Unterlagen nachsehen, die sie ihnen so freigebig zur Verfügung stellte.

Um sich schnellstmöglich einzuarbeiten und Alfons sowie die anderen Teamleiter von ihren Qualitäten zu überzeugen, musste Sabrina also nur von Anikas Vorarbeiten profitieren. Alfons' chaotisches Gerede dagegen würde sie einfach ertragen. Es fand sich immer eine Gelegenheit, seine Dozentur aufzubrechen und in unterhaltsames Geplänkel hinüberzugleiten zu lassen. Dann war er erträglich.

*

Nach der Beratung eines syrischen Ingenieurs verließ Anika das Gebäude auf der Rückseite. Dort stand eine Bank, auf die sie sich jedoch nie setzte. Das Grün der Bepflanzung wirkte wie Balsam auf ihrer Seele, und die Umrandung eines Komposthaufens, neben dem sie stand, diente ihr als Tresen für die Kaffeetasse. Das Beste aber war – niemand nutzte diesen Ort. Sie war hier stets allein. In letzter Zeit flüchtete sie immer öfter in die Raucherpausen, denn das Teamklima drückte sie. Nicht nur, dass sie nun zu fünft in einem Büro saßen, das Klicken der Tastaturen, die Telefonate, kurze Gespräche mit Klientinnen und Klienten, die an die Tür klopften, und das Geplänkel der Kolleginnen eingeschlossen, nein, die Stimmung im Büro hatte sich verändert. Das lag offensichtlich an den personellen Umbrüchen der letzten Monate. Als Anika eingestellt worden war, hatte sie sich in ein Arbeitsumfeld integriert, das sie – nach ihren bisherigen Erfahrungen – durch und durch positiv überrascht hatte. Die Stimmung der Mitarbeiterinnen war fröhlich, und alle Interessen lagen in gemeinsamer Harmonie. Die Teamleiterin sorgte für stetigen Ausgleich zwischen den Mitarbeiterinnen. Sie nutzte deren Stärken und versuchte einzelne Schwächen über die Aufgabenverteilung zu kompensieren. Dabei blieb der Umgangston stets herzlich, Irrtümer und Fehler steckte man der Kollegin, damit sie diese ausbessern konnte, ehe sie anderen auffielen. Unterstützungs- und Hilfsangebote kursierten, man aß und schwatzte zusammen, und man vertraute sich einander an; oder sollte sie sagen, keiner traute dem anderen etwas Böses zu? Wenn Anika mit ihren Scherzen und ihrem Spott zu weit ging, dann schritten die anderen lachend ein. Wenn Amira zu oft fragte, ob sie alles richtig mache, dann fanden sie immer ein unterstützendes Wort. Und wenn Alfons stundenlang an seinem Schreibtisch vor sich hin grummelte, dann traf ihn ein schnippischer Kommentar, der ihm immerhin ein Lächeln entlockte. Dompteuse dieses fragil-harmonischen Gebildes war Mona gewesen, ihre Teamleiterin, der man gar nicht anmerkte, dass sie die Zügel fest in der Hand hielt, so selbstverständlich wirkte ihr Zusammenhalt.

Was nur hatte sich verändert? Was hatte sich an Alfons geändert, der nun das Boot steuerte? Seit er Teamleiter war und die neuen Mitarbeiterinnen eingearbeitet wurden, sprach er kaum noch mit Amira und ihr, schien sie beide von den Vorgängen im Team auszuschließen. Auf Anika wirkte die Zusammenarbeit, als hätte Alfons ein neues Team im Team gegründet, ein Team, zu dem Amira und sie nicht mehr gehörten. Während die Beratungsreflexion unter Mona immer Sache aller Mitarbeiterinnen war, setzte sich Alfons nun nur noch mit den neuen Mitarbeiterinnen zusammen. Amira und sie sollten die Zeit besser für Beratungen nutzen, er führe Birte und Sabrina ja nur in ihre neuen Aufgaben ein. Damit waren Amira und Anika aber auch von der Kommunikation ausgeschlossen, die nur noch zwischen Alfons, Sabrina und Birte stattfand, zumal sie stets Bezug auf den Austausch in der Beratungsreflexion nahmen. Unterschwellig hatte sich bei Anika schon lange Unbehagen eingestellt, das verstärkt wurde, als sie bemerkte, dass sich Birte ihr gegenüber zunehmend korrekter und distanzierter verhielt, während Sabrina schon mal ihre Launen an Amira und ihr ausließ.

Anika drückte ihre Zigarette aus, nahm ihre Kaffeetasse und begab sich auf den Weg zurück zum Büro, als ihr Sabrina entgegentrat.

»Ich hab' dich gesucht.« Unschlüssig blieb Anika stehen. »Komm, lass uns eine rauchen!«

Zwar hatte sie das gerade getan, doch bis zur nächsten Beratung war noch Zeit, und so lief sie mit ihr in den vorderen Hof.

»Wie machst du das? Du hast doch ein Kind, und hier schuftest du auch noch vierzig Stunden. Dann bist du noch ehrenamtlich beim Radio. Das ist ja kaum zu bewältigen.« Verschwörerisch blitzten Sabrinas Augen sie an. »Also ich habe noch kein Kind, trotzdem kann ich mir vorstellen, wie das an den Kräften zehrt. Meine Hochachtung, wie du das meisterst ...«, plauderte sie weiter und sparte nicht mit Lob und Anerkennung. Hatte Sabrina sie gesucht, um diesen Eimer voller Komplimente über ihr auszukippen? Und als Anika darauf nichts erwiderte, fuhr sie fort: »Du weißt gar nicht, wie dankbar ich dir für deine Unterstützung bin. Ohne deine Materialien hätte ich das nie so schnell auf die Reihe gekriegt. Ich bewundere deine systematische Art, mit der du die Beratungs-Eventualitäten aufgearbeitet hast – wir müssen im Prinzip nur deinen Unterlagen folgen, und schon können wir arbeiten. Wenn ich mir dagegen Alfons' chaotische Einführungen ansehe ... Seine Beratungsreflexion bringt rein gar nichts. Der scheint seine Arbeit kaum auf die Reihe zu kriegen und ist mit der Teamleitung völlig überfordert, so sehr, dass er uns jetzt sogar gebeten hat, mit ihm Struktur ins Team zu bringen. Einen klaren und konsequenten Arbeitsprozess bis zu Ende zu denken oder gar zu erläutern, ist dagegen nicht seine Stärke. Ich frage mich, was seine Klienten aus seinen Beratungen mitnehmen, wenn nicht mal wir, als Deutsche, ihn verstehen?«

Die Worte trafen hart, diese Art – nach wenigen Wochen – Kolleginnen und Kollegen zu bewerten ... Es kam nicht darauf an, wen man abwertete, sondern ob man abwertete, dachte Anika. Und als Sabrina aufhörte zu reden und sie erwartungsvoll ansah, sah sie sich gezwungen, eine Entscheidung zu fällen, und sie begriff, diese Entscheidung war endgültig, sie würde Sabrinas Einstellung ihr gegenüber für die gesamte weitere Zeit ihrer Zusammenarbeit bestimmen.

»Es freut mich ...«, sagte sie, »... wenn ich dir bei der Einarbeitung helfen kann, aber ist dein Urteil nicht etwas hart? Alfons ist, wie er ist, wir werden ihn nicht ändern. Vielleicht kann man ihn auch akzeptieren. Sind wir nicht ein Team? Und ...«, fügte sie hinzu: »... wir sind es nicht gewohnt, uns gegenseitig in Abwesenheit zu kritisieren.«

»Aber Kritik muss man doch ausdrücken. Wenn man Mängel nicht anspricht und nicht daran arbeitet, sie zu beseitigen, dann kann man auch nichts zum Besseren verändern! Es ist wichtig, dass wir uns gegenseitig kritisieren und dass wir Kritik ertragen, damit das Team in eine optimale Form kommt und besser funktioniert.«

»Das mag sein«, erwiderte Anika, »aber bislang haben wir immer direkt und unter vier Augen mit der Kollegin gesprochen, wenn uns etwas auffiel und das auch nur, um ihr einen Tipp zu geben. Das erhält den Frieden.«

Sabrina sah Anika direkt in die Augen, zögerte und suchte sichtlich nach Worten, als Katja, die Regionalleiterin den Hof betrat.

»Vielleicht auch nicht!«, erwiderte sie dann und lies Anika stehen.

*

Wenn Anika und Amira das Büro verließen, um sich mit einem Klienten zu einer Beratung zurückzuziehen, fühlte Alfons stets Erleichterung. Ihre Abwesenheit ermöglichte ihm, endlich frei mit Sabrina und Birte zu sprechen. Es war ihm, als müsse er in der Zeit, die sie zu fünft in diesem Büro verbrachten, den Atem anhalten. Frei Luft holen konnte er nur noch in ihrer Abwesenheit. Das schien daran zu liegen, dass er einen Prozess in Gang gebracht hatte, den er nur Schritt für Schritt und mit aller Geduld bewältigen konnte, der aber seine Nerven über Gebühr beanspruchte.

Doch es stellten sich auch erste Erfolge ein. Anika schien etwas bemerkt zu haben, denn als Sabrina und Birte in ihren Beratungen waren, hatte sie ihm doch tatsächlich nahegelegt, die beiden neuen Mitarbeiterinnen zu bitten, ihre Kritik immer direkt an den Adressaten zu richten. Sie sehe sonst das Teamklima in Gefahr. Noch konnte er nicht einschätzen, ob diese Entwicklung für seine Ziele förderlich war; und seine Anspannung verstärkte, dass sich in den letzten Wochen eine Befürchtung zu seinen Mühen hinzugesellt hatte. Sabrina und Brita griffen in ihrer Einarbeitung stärker auf Anikas Hilfe zurück, als ihm lieb war, obwohl er sich bemühte, in den Beratungsreflexionen alle Fragen, die sich bei einer Beratung stellen konnten, aufzuwerfen und zu klären. Und doch spürte er bei beiden Mitarbeiterinnen eine gewisse Interesselosigkeit an seinen Erläuterungen. Stattdessen stützten sie sich auf Anikas Ausarbeitungen und Empfehlungsschreiben.

Dabei hatte er doch Sabrina und Birte instruiert, Anika kritisch zu beleuchten – gerade, damit kein vertrauensvolles Band zwischen ihnen entstand. Was, wenn sie über die Einarbeitung doch zueinanderfanden, was, wenn sie Anika von seinem Auftrag erzählten? Mit diesem Wissen würde sie sicher zur Regionalleiterin gehen, und das würde Probleme geben. Mehrfach hatte er Sabrina darauf hingewiesen, darüber zu schweigen, doch befürchtete er nun, sie unterschätzt zu haben. Sabrina schien ihren eigenen Weg zu suchen und dabei nur bedingt seinen Vorgaben zu folgen. Umso wichtiger war es nun, Argumente gegen Anika zu sammeln, damit er etwas gegen sie in der Hand hatte, wenn sein Plan aufflog.

Er ahnte, wie wichtig es war, Sabrina stets im Gespräch zu halten und ihr das Gefühl zu vermitteln, dass er sie förderte, ja, dass er sie den anderen vorzog. Auch deshalb hatte er ihren Wunsch durchgesetzt, dass sie ihre Weiterbildung in Personalführung in der Arbeitszeit fortsetzen und abschließen konnte. Er gab ihr die Möglichkeit, sich mit kleinen interessanten Nebenaufgaben im Team und im Haus zu profilieren. Er wusste, Langeweile durfte bei ihr nicht aufkommen. Und da Amira und

Anika die nächste knappe Stunde mit ihrer Beratung beschäftigt sein würden, fragte er sie nun unumwunden, ob sie schon wisse, wie sie Anikas Arbeit einschätze.

Erfreut beobachtete er, wie Sabrina – sofort zum Gespräch bereit – ihre Papiere zur Seite legte und sich zu ihm umdrehte. »Du warst doch gestern bei ihrer Beratung dabei ...«, fragte er, »... wie beurteilst du ihre Arbeit?«

»Gut, dass du fragst«, erwiderte Sabrina, und er hörte die Beflissenheit heraus, mit der sie ihm antwortete.

»Ich muss dir sagen, sie geht sehr systematisch vor, aber eines fehlt ihr. Sie gibt ihren Klienten keine emotionale Zuwendung, sondern arbeitet nur sachlich ab. Während ich für eine Beratung anderthalb Stunden brauche, schafft sie eine Beratung in fünfundvierzig Minuten. Stolz sollte sie darauf nicht sein, ich gebe mir einfach mehr Mühe. Ich erkundige mich nach der Familie und dem Schicksal meiner Klientinnen. Das tut sie nicht.«

Genau diese Zuarbeit hatte er sich gewünscht. Sabrina arbeitete also an ihrer Position im Team, und während sie redete, überlegte er, wie er sie darin bestärken könnte, über Anika Kontrolle zu gewinnen. Ihre Kritik gab ihm jedenfalls schon jetzt die Möglichkeit, seiner Konkurrentin einen Dämpfer zu versetzen. Dann horchte er auf.

»... ich kann mir auch vorstellen, warum Anika so wenig in die Beratungen investiert. Das ist kein Wunder – sie arbeitet nebenher noch ehrenamtlich beim Radio. Jetzt erklär mir mal, wie sie das schaffen soll, Vierzig-Stunden-Job, Kind und dann noch Radio. Ich habe kein Kind, arbeite nicht beim Radio und bin am Abend erschöpft. Sie muss also an mindestens einer Sache Kräfte sparen, oder sie schraubt alles runter.«

Das war es – ein guter Grund, den er zu seiner Zeit an die Geschäftsführung weitergeben konnte, doch bei weitem nicht ausreichend. Er machte sich eine Notiz. Sabrina hatte jedenfalls einen guten Start hingelegt, und er würde darauf zurückkommen.

Alfons konnte kaum erwarten, dass Anika und Amira von ihren Beratungen zurückkehrten, und als sie endlich eintraten, bat er im Büro kurz um Ruhe.

»Ich habe mir Gedanken gemacht«, sagte er kurz entschlossen und blinzelte Sabrina zu.‹Die zog ein ernstes und professionelles Gesicht, während Anika weiter zu ihrem Schreibtisch lief und sich hinsetzte.

»Ich möchte, dass wir die Beratungen unserer Klienten nicht nur abhandeln«, erklärte er mit einem Seitenblick auf Anika. »Das macht man vielleicht beim Jobcenter. Wir sind aber gerade nicht das Jobcenter, wir wenden uns unseren Klienten zu und nehmen auch ihre Probleme ernst.«

Im Raum herrschte Stille, bis Anika fragte:»Wie meinst du das? Wir nehmen unsere Klientinnen doch ernst.«

»Die Flüchtlinge, die wir betreuen ...«, setzte er zu einer Erklärung an, »... haben viel durchgemacht und stecken teilweise in sehr schwierigen Situationen. Wir sollten ihnen also zuhören, was sie zu erzählen haben, und manche in diesem Team tun das nicht. Deshalb habe ich mir eine Richtlinie überlegt. Damit wir uns alle unseren Klientinnen gleichermaßen zuwenden können, sollte eine Beratung mindestens anderthalb Stunden dauern. Weniger als anderthalb Stunden sind nicht ausreichend und werden von mir registriert.«

Dass Anika sofort darauf reagieren würde, hatte er sich gedacht, und so musste er auch nicht lange warten, bis von ihr Widerspruch kam.

»Aber wir sind doch keine Psychologen, wir können mit den Flüchtlingen nicht über ihre Situation sprechen. Viele von ihnen sind traumatisiert, seht ihr die Gefahr nicht?«

Kurz wusste Alfons nicht, was er sagen sollte, doch Sabrina kam ihm zu Hilfe.

»Die Klienten haben einiges erlebt, und wir müssen ihnen das Gefühl geben, dass wir ihnen zuhören«, erklärte sie. »Ich zum Beispiel tue das, ich frage, wie es meinen Klienten ergangen ist und was ihre Angehörigen machen; und danach haben sie das Gefühl, dass ich mich um sie gekümmert habe und nicht nur meine Aufgabe abgearbeitet.«

»Aufgabe abgearbeitet? Niemand von uns arbeitet seine Aufgaben einfach nur ab, wir setzen uns alle für unsere Klientinnen ein; und wenn sie selbst erzählen, dann hören wir zu. Aber wir können unsere Klientinnen nicht ausfragen. Sie sind schon über Gebühr ausgefragt worden, zum Beispiel während ihres Asylverfahrens. Wenn wir zu privat werden, wecken wir Ängste in ihnen, die wir nicht ausgleichen oder kontrollieren können. Sollten sie nicht erstmal zur Ruhe kommen, sich auf ihren Alltag konzentrieren und darauf, hier richtig Fuß zu fassen, zum Beispiel, indem sie alles in die Wege leiten, dass sie in Lohn und Brot kommen? Nur das kann sie von ihren Traumata ablenken; und genau dabei möchte ich ihnen helfen.«

Entschlossen schüttelte Anika den Kopf, und Alfons frohlockte innerlich. Er hatte es geschafft, ein Streitgespräch zwischen Anika und Sabrina anzufachen, und dieses würde Spuren hinterlassen.

»Sabrina«, wandte sich Anika ihrer Kollegin zu, »Wir sind Beraterinnen für die Anerkennung ausländischer Berufsabschlüsse. Wir wissen gar nicht, welchen Schaden wir anrichten können, wenn wir darüber hinaus Fragen stellen. Dazu kommen die Verunsicherung der Leute und der Datenschutz. Das wäre einfach unverantwortlich.«

»Der Datenschutz hat damit nichts zu tun«, wiegelte Sabrina ab. »Schließlich schreiben wir zu dem, was wir erfahren, nichts auf. Aber zuhören müssen wir schon. Das ist unsere moralische Pflicht! Und dazu kommt noch etwas ...« Alfons horchte auf. »Du kopierst die Zeugnisse unserer Klientinnen nicht. Wir haben aber die klare Anweisung von Alfons, dass wir alle Unterlagen der Klientinnen archivieren sollen.«

»Es sollte dir nicht zu viel Mühe machen ...«, sprang er Sabrina bei, »... die Unterlagen unserer Klientinnen zu kopieren, damit unsere Dokumentation vollständig ist. Das ist Nachlässigkeit, um nicht zu sagen, Faulheit.« Nun sah er so etwas wie Schrecken in Anikas Augen.

»Es hat Gründe, dass ich die Zeugnisse nicht kopiere«, versuchte sie, sich zu verteidigen. »Wir brauchen keine Zeugniskopien für die Beratung. Meine Klientinnen bringen die Zeugnisse mit. Ich kann sie also einsehen und die Informationen, die ich brauche, herausnehmen. Die Noten brauche ich dagegen nicht. Und wo bleibt der Datenschutz, wenn wir alles kopieren? Was, wenn das alles mal in falsche Hände gerät?«

Entschlossen schüttelte Anika den Kopf.

»Tut mir leid, Alfons«, sprach sie ihn nun direkt an. »Ich berate gern länger, auch wenn ich eine knappe, sachliche und gut verständliche Beratung für sinnvoller halte. Aber ich werde mich mit meinen Klientinnen nur über ihre Ausbildungswege unterhalten, und ich werde mich nicht daran beteiligen, ihre privaten Dokumente hier zu archivieren. Dabei mache ich nicht mit.«

Alfons lächelte, Anika hatte sich ganz offensichtlich gegen ihn und Sabrina gestellt. Schon deshalb würde Sabrina sie weiterhin zermürben, und damit ergab sich eine erste Angriffsfläche. Er brauchte also nur noch zu entscheiden.

»Da ich der Teamleiter bin, lege ich jetzt fest, dass eine Beratung in Zukunft anderthalb Stunden zu dauern hat. Ich bitte euch alle, eure Vorbereitungen daran auszurichten. Außerdem möchte ich, dass alle Unterlagen der Klientinnen kopiert und bei uns archiviert werden. Das gehört zu unserer Arbeit dazu. Wer sich nicht daran hält, muss die Konsequenzen tragen.«

Dann sah er kurz zu Sabrina, die triumphierend vor sich hin nickte, und das Gespräch war für ihn beendet.

*

Die zweite Beratung an diesem Tag war geschafft. Zufrieden betrat Amira das Büro, das sie sofort ernüchterte. Wenn alle anwesend waren, niemand auf Beratungsreise, dann drückte das die Stimmung. Zu voll war es in dem Raum, zu viele unterschiedliche Geräusche, das Rascheln von Papier, das Klicken der Tastaturen, die Telefonate und dann das Geplapper von Alfons, Brita und Sabrina. Überhaupt hatte sich seit Monas Weggang einiges geändert.

Amira sehnte sich nach ihrem alten Team zurück. Damals hatte sie sich angenommen gefühlt, genauso, wie sie war. Jeden Tag war sie erfüllt von ihrer Aufgabe zur Arbeit gegangen und am Abend glücklich über das Geleistete nach Hause zurückgekehrt. Sie hatte Vertrauen gelernt, Vertrauen in das, was sie leistete – eine ganz neue Erfahrung – und vor allem Vertrauen in ihre Teamkameraden. Wie geduldig war sie von Mona und den anderen eingearbeitet worden, wie langmütig war man mit ihr gewesen und vor allem, wie sehr hatte sie sich geschätzt und respektiert gefühlt?

Seit einigen Monaten aber war alles anders. Alfons, der unter Mona stets schweigend und verbissen gearbeitet hatte, der sich kaum an den Gesprächen im Büro beteiligt hatte, hatte nun das Team übernommen. Und die beiden neuen Mitarbeiterinnen, Sabrina und Brita, schienen wie ein Beschleuniger der Gefühle zu wirken. Sie hatten Emotionen ins Team gebracht, die sie als ungesund empfand, ein unkalkulierbares Auf und Ab. Seit Monas Weggang riss es Amira zwischen Freude, Ohnmacht und Widerwillen hin und her. Dabei war sie eine Frau, die Ruhe brauchte, Ruhe und Ausgeglichenheit und nach ihrer Kindheit in Palästina vor allem seelischen Frieden. Die Abende mit ihrem Mann und ihren drei Kindern waren turbulent genug, sie hatte die erfüllende Aufgabe im Sozialverband stets als Ausgleich zu ihrem Familienleben begriffen. Doch der positive und bereichernde Stress, den ihre Arbeit ihr noch vor einem halben Jahr bereitet hatte, hatte sich nun ins Negative verkehrt, und Erlösung war nicht abzusehen.

Seit Alfons Teamleiter war und Sabrina und Brita ins Team geholt hatte, empfand sie ihre Arbeit auch als Last. Dennoch wollte sie daran festhalten. Zwar arbeitete sie nicht aus finanziellen Gründen, ihr Mann war ein angesehener Allgemeinmediziner, trotzdem gab ihr die Tätigkeit etwas, das sie dringend brauchte. Es ging ihr bei diesem Job ganz klar um sich selbst.

Seit ihr Mann sie geheiratet und nach Deutschland geführt hatte, hatte sie an den Frauen in ihrer neuen Heimat vor allem eines bewundert: Sie verwirklichten sich und traten selbstbewusst an die Seite ihres Mannes, als sei es die größte Selbstverständlichkeit, zwei gleichwertige Hälften eines Ganzen zu bilden; und zu ihrem großen Glück hatte ihr Mann sie sofort unterstützt, als man ihr – nach einer Beratung zur Anerkennung ihrer Berufsabschlüsse hier im Haus – eine Stelle im Team angeboten hatte. Ihre Arabisch-Kenntnisse hatte man damals gebraucht und alle Unsicherheiten, die sie bei ihrer Entscheidung und danach begleiteten, ausgeräumt. Besonders Mona hatte ihr Mut zugesprochen und ihr alle Unterstützung angedeihen lassen, die sie jetzt zu einer selbstbewussten Beraterin machte.

Gedankenverloren setzte sie sich an ihren Schreibtisch, als es klopfte. Ihr Klient war zurückgekehrt, stand im Büro und fragte nach ihr. Sie sprang wieder auf, trat auf ihn zu und hörte sich geduldig seine Frage an, um ihm dann eine ausführliche Antwort auf Arabisch zu geben, als sie im Rücken Sabrinas Stimme hörte: »Ihr stört – Amira, könnt ihr für die Beratung nicht rausgehen? So kann ich nicht arbeiten!« Erschrocken drehte sie sich um und sah Sabrina direkt in die zornigen Augen. Dann blickte sie ihrem Klienten ins Gesicht, der sie verunsichert anblickte. Mit Entsetzen gewahrte sie den Affront gegen ihren männlichen Klienten, den Sabrina gerade ausgestoßen hatte. Es gehörte sich nicht, ihnen ins Wort zu fallen, während sie seine Frage beantwortete, und es gehörte sich nicht, ihm Befehle zu erteilen. Sie, die Mitarbeitenden, waren die Dienenden, ihre Klienten hatten das Sprechrecht, so lange sie in der Beratung waren.

Bestürzt suchte sie nach Worten und begann sich ausführlich bei ihm zu entschuldigen. Hatte ihr Klient Sabrina verstanden? Was sollte sie nun tun? Ihn vor die Tür bitten oder ihre Antwort noch abschließen?

»Geht ihr endlich raus?« Jetzt knallte Sabrina die Hand auf den Tisch und stöhnte deutlich genervt auf, um dann zornig zwischen ihr und dem Klienten hin und her zu blicken.

Der Klient hatte begriffen und wandte sich zum Gehen. Amira lief ihm hinterher durch die Tür, holte ihn ein und stoppte ihn, um doch noch seine Frage zu klären. Aber es handelte sich nicht mehr um eine Beratung, die sie gerne durchführen wollte. Zutiefst beschämt und feuerrot im Gesicht verabschiedete sie schließlich den Mann.

Als sie das Büro wieder betrat, blieb sie in der Tür stehen und betrachtete Sabrina, die gerade mit Alfons plauderte. Dann holte sie tief Luft, und das erste Mal, seit sie hier arbeitete, setzte sie an, ein kritisches Wort zu formulieren: »Wie kannst du meinem Klienten ins Wort fallen und unser Gespräch auf diese unfreundliche Weise unterbrechen?«

Sabrina beendete in aller Ruhe ihren Satz an Alfons und wandte sich erst dann zu ihr um. Gleichgültig blickte sie Amira an.

»Es ist völlig unmöglich, hier zu arbeiten ...«, sagte sie dann, »... wenn du daneben stehst und Arabisch redest. Es ist schon störend, wenn jemand Deutsch dazwischenquatscht, aber Arabisch geht gar nicht.«

»Aber unsere Klienten sprechen nun mal Arabisch«, versuchte sich Amira zu verteidigen. »Und wenn sie noch kein Deutsch sprechen, dann muss ich mit ihnen in ihrer Muttersprache reden.«

»Dann geh wenigstens vor die Tür«, befahl ihr Sabrina, wurde aber von Alfons unterbrochen. »Es geht hier ja nicht um die Sprache, Arabisch oder Deutsch. Es ist allgemein so, dass Beratungen im Büro die anderen Mitarbeiterinnen stören.«

»Aber ich wollte doch nur noch eine kurze Frage klären.« Amira verzweifelte und spürte, wie es ihr die Tränen in die Augen drückte, während ihr Hals bedrohlich anschwoll.

»Wenn ein Klient geklopft hat, haben wir immer schnell mit ihm seine Frage an der Tür geklärt. Das war immer so«, und sie war unendlich froh, als sie Anikas Stimme hörte.

»Ihr könnt doch Amira nicht so angehen. Seht ihr nicht, was ihr anrichtet?«

Anikas Zuspruch presste ihr den Hals zusammen. Sie hasste es. So nahe am Wasser gebaut, brauchte sie alle Kraft, um nicht loszuheulen. Froh war sie, dass ihr Anika den Streit abgenommen hatte, und sie konnte nur nicken, als sie von ihr hörte: »*Ihr seid doch diejenigen, die während der Arbeitszeit ununterbrochen quasseln, ohne Rücksicht auf Amira und mich, und jetzt gehst du Amira an, weil sie – wie gewohnt – im Büro noch eine kurze Frage ihres Klienten klärt?*«

»Wenn ich Kritik habe, dann muss ich sie auch formulieren dürfen«, erklärte Sabrina nun zu Anika gewandt. »Gerade du hast gesagt, wir sollen das direkt tun.«

Doch Anika schüttelte den Kopf, und zu Amiras Erleichterung stellte sie fest, dass Anika sie verstanden hatte, denn sie widersprach heftig: »Muss man sie deshalb mitten im Gespräch mit einem Klienten beschulmeistern? Hättest du das nicht nach der Beratung mit ihr klären können? Und musst du sie hier vor allen Kollegen angehen, anstatt allein mit ihr zu sprechen?

Musst du das in diesem Ton tun, anstatt freundlich zu reden? Sie hat Tränen in den Augen!«

Amira blickte zu Sabrina. Zu sehr hoffte sie, dass diese ein Einsehen haben würde, doch die brauchte nicht zu überlegen, bestimmt erklärte sie: »Man muss schon Kritik aushalten können. Sonst ist man nicht kritikfähig und erst recht nicht teamfähig. Wenn sie keine Kritik verträgt, kann sie eben nicht in einem Team arbeiten. Das muss schließlich jeder aushalten. Was sagst du dazu?«, wandte sie sich Alfons zu.

Die Andeutung, sie sei nicht fähig, in einem Team zu arbeiten, ertrug Amira nicht mehr. Unwillkürlich öffneten sich die Schleusen. Mit einem ohnmächtigen Schluchzen rannte sie zu ihrem Schreibtisch, packte ihre Tasche und lief so schnell sie konnte aus dem Büro.

Es dauerte zwanzig Minuten, bis auch Anika ins Freie trat und ihren Arm um Amiras Schultern legte. Zwanzig Minuten, in denen ihre Tränen beim Anblick des Grüns vor dem Haus wieder versiegt waren. Zwanzig Minuten, in denen sie sich gescholten hatte, dass sie einfach ihre Gefühle nicht im Griff habe. Sie fühlte sich lächerlich, gedemütigt von Sabrina, war verzweifelt über ihre Situation. Angst um ihren Arbeitsplatz überkam sie. Sie hatte gesehen, wie Alfons Sabrina unterstützt hatte, obwohl diese Amira komplett unbeherrscht angegriffen und vor ihrem Klienten in eine unsägliche Situation gebracht hatte. Wo waren der Respekt und die Achtung, die Zusammenarbeit von einst? Galt dieser Teamgeist, der sie einst alle beseelt hatte, für Sabrina nicht?

Was war nur mit ihrem Team geschehen? Plötzlich musste Amira ununterbrochen überlegen, was sie sagte, tat oder ließ. Sie hatte das Gefühl, dass jede Regung von ihr offene Anfeindungen auslösen konnte; und sie hatte nicht nur das Gefühl, schließlich saß sie Sabrina direkt gegenüber und konnte ihr während der Arbeit ins Gesicht sehen. Was sie aber sah, ließ sie an der Menschheit zweifeln, widersprach vollumfänglich ihrer religiösen Einstellung zu moralischem Verhalten. Erklärte Alfons – in Sabrinas Rücken – auf seine umständliche Art einen Sachverhalt, rollte diese sekundenlang mit den Augen und verzog das Gesicht zu breiten Grimassen. Pure Verachtung strahlte Amira dann entgegen, genau wie in Situationen, in denen Alfons nicht anwesend war. Sabrina konnte mit Birte stundenlang über seine angebliche Unfähigkeit debattieren. Und das Schlimmste daran war, selbst vor Anika ließen sie sich nicht so ungezügelt aus wie vor ihr. Während die Diskussionen in Anikas Gegenwart noch im Rahmen blieben, nachdem Anika sie mehrfach darauf hingewiesen hatte, dass sie diese nicht hören wollte, brach in ihrer alleinigen Gegenwart alle Verachtung gegenüber Alfons voll aus ihnen heraus. Ohne sich die Mühe zu machen, auf Amira Rücksicht zu nehmen, redeten sie, als wäre sie nicht da. Sie behandelten sie wie Luft.

Dass Sabrina lebendig und emotional war, das konnte Amira noch verstehen, aber unerträglich wurde es, wenn Sabrina an Alfons ein Anliegen hatte. Denn wenn Sabrina etwas von ihm wollte, dann drehte sie sich zu Alfons um, strahlte ihn aus ihren blaugrauen Augen an, schmierte ihm satt Honig um den Mund, scherzte und versprühte Charme.

War Alfons denn völlig blind, dass er seine eigene Situation nicht bemerkte? War er ihr vielleicht sogar als Mann verfallen, dass er nicht sah, in welchen lächerlichen Zustand sie ihn brachte? Wie lange würde es noch dauern, bis Sabrina die Initiative ergriff, um ihn offen anzugreifen?

Jedenfalls, so schien es Amira, hatte Sabrina bereits die vollständige Kontrolle über Alfons und damit auch über die Stimmung im Team und über das Gedeihen und Verderben der Mitarbeiterinnen. Amira neigte den Kopf. Sie hatte ganz vergessen, dass Anika neben ihr stand. Genau wie sie selbst schien diese das Grün in den Zweigen der Bäume anzusehen.

»Und?«, fragte sie. »Sind sie über mich hergezogen?«

Anika räusperte sich, die Antwort fiel ihr sichtlich schwer. »Alfons hat jegliche Klientengespräche im Büro verboten, und ich habe die Beherrschung verloren. Du stehst nicht alleine da.« Amira nickte, während beide nebeneinanderstanden. Dann hatte sie das Bedürfnis, Anika zu verraten, was sie am meisten fürchtete: »Ich bin die Erste, die gehen muss.«

»Nein«, erwiderte Anika. »Das Team braucht dich. Du bist die Einzige, die Arabisch spricht. Und der Strom an syrischen Klienten, die uns das Jobcenter schickt, wird vorerst nicht abreißen.«

»Sie werden immer besser Deutsch sprechen, und dann muss Sabrina mein Arabisch nicht mehr ertragen.«

Amira spürte, wie Anika den Druck ihres Armes um ihre Schultern kurz verstärkte. »Dass wir kein Arabisch mehr brauchen, das wird so schnell nicht geschehen. Du bleibst auf absehbare Zeit sehr wichtig für das Team. Und Sabrina wird sich deine Muttersprache noch oft anhören müssen, von dir! Denn Alfons wird nicht so schnell einen Ersatz mit deinen Deutschkenntnissen finden, und dazu kommt, du bist perfekt eingearbeitet.«

Amira trösteten die Worte, doch so sehr sie auch wollte, sie konnte Anika nicht glauben.

*

»Ich wollte mal mit euch reden«, sagte Sabrina in die Stille hinein. Die Ankündigung ließ Anikas Blick durch den Raum schweifen. Alfons war nicht da, Amira saß wie immer still an ihrem Schreibtisch und Birte klammerte und legte Papiere ab, auf eine Weise, die Anika immerzu an das Jobcenter erinnerte, mit dessen Mitarbeiterinnen sie schon ausreichend Erfahrungen gesammelt hatte.

»Dann lass uns noch auf Alfons warten«, erwiderte sie und wollte sich wieder ihrem Empfehlungsschreiben zuwenden. Doch Sabrina kam ihr zuvor. »Nein, nur mit euch. Alfons braucht nicht mitzuhören.«

Diese Ankündigung ließ Anika aufhorchen und löste spontanen Widerwillen aus. Was das Team anging, konnten sie doch alle miteinander besprechen, und was das Team nicht anging, darüber wollte sie mit Sabrina und Birte nicht reden. Anika hatte sich in die Situation gefügt. Irgendwie hatten sich die vier Frauen zusammengerauft, jede wusste, was sie mit den anderen teilen oder für sich behalten wollte. Sie selbst sprach viel mit Amira, Sabrina und Birte tauschten sich untereinander aus. Saßen sie zu viert zusammen, wurde nur über Arbeit geredet, und die beiden neuen Mitarbeiterinnen beschränkten sich auf belanglosen Smalltalk. Auf diese Weise hatten sie so etwas wie Frieden geschlossen. Was sollte sie also mit Sabrina hinter Alfons Rücken besprechen? Doch ehe sie ihre Zweifel aussprechen konnte, begann Sabrina: »Wir sind jetzt seit neun Monaten Kolleginnen, und ich wollte mich vor allem bei dir, Anika, bedanken, dass wir uns so schnell einarbeiten konnten. Das lag vor allem an deinen Materialien. Ich benutze bis heute deine Empfehlungsschreiben. Alfons dagegen hat nicht viel beigetragen, auf seine Einführungen hätten wir gut verzichten können. Wenn man allein seine Empfehlungsschreiben ansieht – das reinste Chaos, mit dem nicht mal ein Deutscher was anfangen kann. Kurz, Alfons schafft eher Probleme, als dass er sie klärt; und vor allem eins möchte ich an ihm kritisieren: So chaotisch, wie er uns die Anerkennungsberatung versucht hat zu erklären, so chaotisch ist er in der Koordination unseres Teams. Ihr kriegt es ja Tag für Tag mit. Er ist völlig überfordert, ständig stöhnt und flucht er über seine Mails. Ganz offensichtlich wird es aber in der Teamberatung, das habt ihr sicher bemerkt. Ständig muss ich seinen umständlichen Ausführungen Ordnung geben. Wenn er etwas erklärt, dann muss einer von uns seine Worte erst auf den Punkt bringen, ehe alle begreifen, was er von uns will; und das tue meistens ich. Viele Entscheidungen von ihm sind überhaupt nicht nachvollziehbar. Er schafft es nicht einmal, Tagesordnungspunkte für die Teamberatung aufzustellen, und wenn wir das tun, ihnen zu folgen; ja, selbst Termine, die uns alle angehen, uns geordnet mitzuteilen und mit uns durchzusprechen, packt er nicht. Stattdessen fängt er ein Thema an, bringt es nicht zu Ende, und zur nächsten Sitzung hat er vergessen, worüber er in der letzten Sitzung gesprochen hat, lässt das Thema liegen oder widerspricht seinen Worten aus der letzten Beratung, wenn wir ihn nicht zum Punkt seines Anliegens zurückbringen ...«

Während Sabrina referierte, hörte ihr Anika gebannt zu. Unglaublich war es für sie, wie selbstbewusst Sabrina aufzählte, was sie an Alfons kritisierte und was sie selbst alles für das Team tat. Dass sie Alfons in der Teamberatung ständig ins Wort fiel und die Diskussion an sich riss, dass sich Alfons ständig von ihr die Zügel aus der Hand nehmen ließ, war Anika nie entgangen, doch sie hatte aufgehört, etwas dazu zu sagen. Denn während Alfons Sabrinas Einmischung duldete oder sogar förderte, fuhr er Anika sofort über den Mund. Dass Alfons chaotisch vorging und dass sie alle mehr oder weniger große Mühe aufbringen mussten, aus seinen Worten Sinn zu ziehen, das wusste auch Anika. Wie oft hatte sie im Nachhinein Amira erläutert, worum es in dem Gespräch gegangen war, und genau deshalb hatte sie es übernommen, Beratungsprotokolle zu schreiben. Alfons selbst hatte darauf verzichtet, doch die Mitarbeiterinnen brauchten etwas, woran sie sich festhalten konnten, wenn auch Alfons bei einer Beratung nie auf das Protokoll der letzten Sitzung zurückgriff.

Trotz dieser Problematik hatte Anika von Anfang an beschlossen, Alfons zu nehmen, wie er war; und dass Sabrina genau das nicht tat, sondern immer wieder auf seine »Unfähigkeit« zu sprechen kam, dass sie damit versuchte, andere gegen ihn aufzubringen, das stieß ihr bitter auf. So oft das Thema unter ihnen zur Sprache gekommen war, hatte sie Sabrina darauf hingewiesen, dass man die Stärken eines Menschen nutzen und seine Schwächen ausgleichen oder ergänzen könne. So machte Teamarbeit für sie Sinn, dachte Anika, als sie Birtes Frage hörte: »... und was schlägst du nun vor?« Stille lag im Raum. Warum auch immer, Sabrina schien sich überwinden zu müssen; und auch Anika unterdrückte ihr Bedürfnis, das Gespräch zu unterbrechen, zu sehr interessierte sie, was Sabrina nun vorschlagen würde.

»Da ich es bin, die hier ständig Alfons' Strukturlosigkeit ausgleicht, und weil Brita und ich jetzt sehr gut eingearbeitet sind, ich die Aufgaben und Schwierigkeiten im Team sehr gut kenne und seit einigen Monaten Alfons immer wieder in der Teamleitung unterstütze, da er ohne mich nicht zurande kommt, möchte ich vorschlagen, dass wir nicht so weitermachen wie bisher, sondern dass ich die Teamleitung übernehme. Sagt jetzt erstmal nichts ...« »Was?«, hörte Anika Amira rufen, und ihr selbst verschlug es die Sprache.

»Ich meine, wenn ich hier die ganze Arbeit für die Koordination des Teams übernehme, und wenn hier ohne mich nichts läuft, dann kann ich doch auch gleich das Team selbst leiten. Ich habe jetzt meinen Kurs in Personalführung abgeschlossen, bin bestens vorbereitet; und Struktur ist eine große Stärke von mir, dass merkt ihr ja. Ich werde auf jeden von euch Rücksicht nehmen, das verspreche ich euch. Wenn ihr mich unterstützt, dann können wir zu Katja gehen, sie entscheidet und kann darauf Einfluss nehmen, was in diesem Team geschieht. In zwei Monaten muss Katja unsere Verträge verlängern, es ist also möglich, eine solche Änderung durchzusetzen, nur bitte ich euch, nicht mit Alfons darüber zu sprechen, bevor wir mit

Katja geredet haben. Was meint ihr? Ich fühle mich für diese Aufgabe bereit.«

Stille lag im Raum. Sabrina sah Anika erwartungsvoll an. Amira schien sie gar nicht wahrzunehmen, und Birte wirkte, als wüsste sie schon lang über diese Pläne Bescheid. »Ihr müsst ja nicht sofort etwas sagen«, bot Sabrina an. »Ihr könnt in Ruhe darüber nachdenken, und dann reden wir nochmal. Wenn wir uns alle einig sind, dann gehen wir zu Katja.«

Anika wusste noch immer nicht, was sie sagen sollte, zu viele Gedanken flogen ihr durch den Kopf. Zusagen konnte sie keinesfalls; doch sagte sie nicht zu, dann brachte sie Sabrina endgültig gegen sich auf – sie war doch so froh über den Waffenstillstand, der zwischen ihnen allen herrschte. Anika wusste, Sabrina würde sich wieder auf Alfons' Unterstützung fokussieren, und sie konnte Alfons jederzeit gegen sie instrumentalisieren. Alfons hörte auf Sabrina, und Anika schien die letzte Hürde zu sein, die jetzt den Karriereplänen von Sabrina noch im Wege stand. Deshalb hatte Sabrina ihr klar ins Gesicht gesehen, nachdem sie ihr Anliegen ausgeführt hatte. Sabrina erwartete, dass Amira sich sofort anschließen würde, wenn Anika zusagte; und Brita hatte sie bereits auf ihrer Seite.

Doch nichts zu sagen, hieße, sie säße mit Sabrina in einem Boot, die Diskussion würde bei anderer Gelegenheit fortgeführt. Sollte sie es sofort sagen? Oder sollte sie heute die Intrige mit nach Hause nehmen? Anika blickte zu Amira, die ihren Blick erwiderte und verzweifelt wirkte, als sie mit den Schultern zuckte. Wie sollte sie es sagen? Kurz und entschieden oder sollte sie ausführlich erklären, was sie dachte? Oder damit zu Alfons gehen? Nein, Letzteres kam nicht in Frage, so wie er Unterschiede zwischen den Mitarbeiterinnen machte, so sehr hatte er dieses Problem auch verdient. Diejenige, der er am meisten vertraute, die er am meisten förderte und den anderen vorzog, intrigierte nun gegen ihn. Doch so sehr er es verdient hatte, Anika wollte sich nicht zur Komplizin machen, weder zur Komplizin von Sabrina noch zu Alfons' Komplizin, zu sehr fühlte sie sich unfair behandelt. Das Einzige, was sie wollte, war gerade bleiben, gerade vor sich selbst!

»Also, ich bin dafür«, sagte da Brita neben ihr, und Anikas Zunge löste sich: »Ich mache da auf gar keinen Fall mit! Und ich will nicht mehr darüber reden.« Entschlossen wandte sich Anika ihrem Empfehlungsschreiben zu und spürte, wie Amira aufatmete.

*

Alfons frohlockte. Eben hatte er noch über sein Lieblingsthema, die Kontrolle der Behörden bei der Anerkennung medizinischer Berufsabschlüsse, gesprochen und seinen Kolleginnen auseinandergesetzt, dass jeder Klient zur Anerkennungsstelle zu begleiten ist und dass jedes eingereichte Formular zu dokumentieren sei, damit die Anerkennungsstelle nicht Dokumente unterschlagen könne.

Nun übergab er das Wort an Sabrina. Dass Anika etwas zu seiner Anweisung sagen wollte, überging er, sicher wollte sie wieder die anderen Mitarbeiterinnen mit Zweifeln madig machen. Ihre Antwort würde sie jetzt schon bekommen, sobald Sabrina ihre Liste gezückt hatte, mit der sie vorab auf ihn zugekommen war. Diese Liste war das Beste, was Alfons passieren konnte, denn in letzter Zeit hatte er sich schon Sorgen gemacht, dass Anika und Sabrina Frieden geschlossen hätten. Deshalb hatte er ihr angeboten, ihr Anliegen direkt in der Teamberatung vor allen zu erklären – »direkt«, wie es Anika immer gewünscht hatte.

»Ich möchte etwas zu Anika sagen«, begann nun Sabrina ihr Referat, während Anika gespannt wie eine Sprungfeder auf ihrem Stuhl saß. Dann teilte Sabrina ihre Kritik mit: Anika mache zu viele Raucherpausen, rechne offensichtlich ihre Arbeitsstunden nicht korrekt ab; und erst letztens, als Anika krankgeschrieben war, hätte sie die Kollegin Bier trinkend auf der Peißnitz gesehen. Noch bevor Sabrina mit ihrer Kritik fertig war, fiel ihr Anika erbost ins Wort, was sie sich anmaße, was sie sich erlaube, sie hier vor allen zu diskreditieren. Alfons konnte sein Grinsen kaum verbergen, und Sabrina sah sie nur ruhig an und erklärte, sie könne ja jetzt zu allen Punkten etwas sagen.

Anika, sichtlich bestürzt, wusste anscheinend nicht, wo sie mit ihren Erklärungen anfangen sollte. Sie saß in der Falle, denn sie konnte nichts weiter tun, als sich zu verteidigen; und wer sich verteidigt, ist immer in der schwächeren Position.

Dass sie häufig Pausen mache, gebe sie zu, doch ihre Beratungszahlen zeigten, dass sie das für das Team gewohnte Pensum übererfülle. Ihre Stunden rechne sie ordnungsgemäß ab, oft sei sie die Letzte im Büro und schließe das Haus; und als sie krank gewesen sei, da hätte sie mit ihrer Tochter einen kurzen Spaziergang gemacht und sicher kein Bier getrunken. Sabrina muss sich also geirrt haben, wenn sie sie auf der Peißnitz gesehen haben will, mindestens geirrt, wenn das nicht nur eine infame Unterstellung sei, wie alles, was sie ihr mit ihrer Liste vorwerfe!

Während Sabrina Anika auseinandersetzte, dass es nicht auf die Beratungszahlen, sondern auf Qualität und Dauer der Beratungen ankäme und dass sie zufällig ihre Stundenkarte im Sekretariat des Sozialverbands gesehen und geprüft habe, lehnte sich Alfons zurück und dachte an seinen Freund Max. Er hatte gar nichts tun müssen, er war nur dem Rat seiner Frau gefolgt, Sabrina zu ermuntern, Anika zu prüfen. Nur wenig musste er steuernd eingreifen. Bewusst stellte er Sabrina im Teamleben allen voran, während er Anikas Einfluss zurückdrängte; und Sabrina schien seine Gunst dankbar anzunehmen. Dass sie dabei manchmal über die Stränge schlug, ihm vor allen das Wort abschnitt oder ihn belehrte, störte ihn nicht weiter. Schließlich war er der Chef, und solange Sabrina mit Anika zu tun hatte, würde sie nicht zu Katja laufen und sich über ihn beklagen, solange konnte sie ihm nicht gefährlich werden. Alles Weitere ergab sich von selbst. Während er sich freute, dass der Weg für seine personellen Veränderungen im Team so gut wie frei war, überschlug sich Anikas Stimme im Streit. Sie schien aufgrund ihrer Situation völlig auszurasten, redete davon, dass – wenn sie von Brita und Sabrina angelächelt werde – sie ein ehrliches Lächeln wolle, keine Falschheit, und dass sie nicht ständig darüber nachdenken wolle, welche Hinterlist sie jetzt schon wieder ausheckten.

Sie schimpfte, bis Alfons es nicht mehr ertragen konnte und sie unterbrach. Er wolle das Thema später weiterführen, und er wusste, derart verwundet würde Anika nun Fehler zuhauf machen. Spätestens jetzt, im Bewusstsein ihrer Kontrolle durch Sabrina, musste sie massiv unter Druck stehen. Das hielt sie nicht mehr lange durch. Die Gruppendynamik wirkte.

*

Anika fand keine Ruhe. So sehr sie auch versuchte, sich auf ihre Arbeit zu konzentrieren, so oft sie ihre Gedanken auf die Sache zurückrief, es dauerte nur Sekunden und sie versank wieder in wirren Rückblicken. Dass sie eben ausgerastet war, wofür sie sich in einer anderen Situation sicher gescholten hätte, das war ihr komplett egal – zu sehr beherrschten sie Wut und Ohnmacht über Sabrinas Vorgehen. Auch war sie sich sicher, sie musste nun Reaktionen zeigen, sie durfte nicht mehr abwiegeln und schweigen, sie musste zeigen, dass sie solche Angriffe nicht duldete. Wenn sie jetzt nicht vehement einschritt, wenn sie die weiche Wand, gegen die man sie drückte, jetzt nicht durchbrach, dann würde ihr Arbeitsplatz im Sozialverband schon in zwei Monaten Geschichte sein, denn das Jahr neigte sich dem Ende, und im November standen die Verlängerungen ihrer Verträge an.

Da traf es sich gut, dass Katja ihr einen zusätzlichen Auftrag fürs Haus gegeben hatte, das zeigte doch, dass man sie brauchte; und es war auch gut, dass Anika dabei war, ein vollkommen neues Projekt vorzubereiten und darüber mit den Netzwerkkoordinatoren und der Geschäftsführung des Sozialverbands in Kontakt stand. Sie wollte Flüchtlingen mit pädagogischen Abschlüssen helfen, an die Schulen zu kommen. Schließlich bestand Lehrermangel, und wenn die ausländischen Ausbildungen auch nicht alle deutschen Maßstäbe erfüllten, konnten die Pädagogen aus Syrien den deutschen Lehrern doch wenigstens assistierend zur Seite stehen, vor allem bei der Integration von Flüchtlingskindern, bis sie über Weiterbildungen die fehlenden Kompetenzen erworben hatten. Mehrere Termine, in denen sie über diese Arbeit referieren sollte, standen ihr unmittelbar bevor. Dennoch, sie sollte Maßnahmen ergreifen, sie sollte etwas tun, um ihr Ansehen am Institut zu retten. Schweigend zu arbeiten würde nicht mehr ausreichen. Sollte sie die Regionalleiterin um einen Termin bitten? Alfons hatte alle Mitarbeiterinnen angewiesen, mit jedem Problem erst zu ihm zu kommen, der Dienstweg lief über Alfons. Sollte sie ihm von Sabrinas Plänen erzählen, die Teamleitung zu übernehmen? Das schien naheliegend. Doch würde Alfons Anika glauben? Würde er einen solchen Vorwurf nicht für eine billige Intrige gegen Sabrina halten?

Glaubte ihr Alfons überhaupt noch irgendetwas? Ihr Teamleiter unterstützte sie nicht mehr, sie fühlte seit langem, dass sie Alfons gegen sich hatte, wie auch immer sich diese Abwehr erklären ließ. Entweder hatte Sabrina ihn bereits gegen sie aufgebracht, oder er hatte ein anderes Problem mit ihr – eines, das sie nicht kannte. Schließlich hatte er sich von ihr bereits abgewandt, als die beiden neuen Mitarbeiterinnen gerade ihre Stellen angetreten hatten. Die Gruppendynamik wirkte spürbar und immer stärker gegen sie.

Das Schlimmste war, Sabrina hatte sich mit ihrer Kritikliste bereits zu Anikas heimlicher Chefin erhoben. Denn, wenn sie mit allem, was sie sah und meinte zu durchschauen, selbst wenn sie es nicht verstand, weil ihr einige Details entgingen, zu Alfons lief und sie anzeigte, dann stand Anika in dem Zwang, Sabrina alles, was sie tat und ließ, erklären zu müssen, sich sozusagen ihre Absolution einholen zu müssen, damit Sabrina nicht auf die Idee kam, Anika anzuzeigen.

So war es Anika während der Beratung völlig entfallen, warum Sabrina ihre Arbeitszeit kritisierte. Sabrina wusste nicht, dass Anika seit zwei Monaten nicht vierzig Stunden, sondern nur noch siebenunddreißig Stunden arbeitete, also hatte Sabrina festgestellt, dass Anika pro Woche drei Stunden zu wenig arbeitete. Da Sabrina sie kontrollierte, offenbar mit der Zustimmung von Alfons, war Anika nun gezwungen, Sabrina über diesen Sachverhalt aufzuklären, um ihrem falschen Urteil zu entgehen. Doch diese Details über ihren Arbeitsvertrag gingen Sabrina nichts an, und Anika empfand den Zwang, der nun von Sabrina ausging, als permanente Belastung und Demütigung. Genauso hatte ihr Sabrina vorgeworfen, sie sei an einem Montag zu spät gekommen, doch in den Morgenstunden hatte sie Flyer und Plakate zu anderen Verbänden gebracht, worüber sie Sabrina – wie sie nun sah – hätte unterrichten müssen, damit ihr Zuspätkommen nicht als Anklage bei Alfons landete. Dieser Zustand war für Anika untragbar, gerade weil sie, freiheitsliebend, ihre Eigenständigkeit über alle Maßen schätzte. Wusste Alfons nicht, wie unerträglich das alles für sie war?

Welche Chance hatte sie überhaupt noch in diesem Team? Und wollte sie in einem solchen Team noch arbeiten? Wenn es nur nach ihren Wünschen ginge, dann wäre jetzt der Moment für sie, zu kündigen und in die Freiheit zurückzukehren. Doch sie war nicht allein. Im Gegensatz zu Alfons und Sabrina hatte Anika eine Tochter. Nach ihrer Promotion hatte sie mit ihr bereits von Hartz IV leben müssen, das war die finanziell härteste Zeit ihres Lebens gewesen, nahezu unmöglich, ein Kind auf diese Weise zu versorgen. Deshalb hatte sie sich nach neuen Jobperspektiven umgesehen, nachdem das internationale Hopping in der Wissenschaft mit ihrem Familienleben unvereinbar geworden war; und sie hatte Glück gehabt und mehrere Anstellungen – wenn auch befristet – in der Sozialarbeit gefunden.

Und nun? Von ihrem Engagement beim Radio konnte Anika nicht leben, zu gering war das Einkommen. Oder konnte sie ihre Tätigkeit dort ausbauen? Inzwischen verfügte sie über ein ganz vernünftiges Netzwerk, aber es war riskant – realistisch gesehen, war es finanziell viel schwerer, ausreichend Einkommen als freie Journalistin zu erwirtschaften. Anika brauchte ihren Job, zumindest so lange, wie ihre Tochter auf das Einkommen angewiesen war.

Deshalb fasste sie einen Entschluss. Alfons vertraute sie nicht mehr – sie musste mit Katja sprechen.

*

Alfons hatte sie um ein Gespräch gebeten. Katja stand mit ihm vor dem Haus und rauchte. Über sein Team machte sie sich Sorgen, dort musste eine Entscheidung gefällt werden. Vor zwei Tagen war Anika bei ihr gewesen und hatte ihr ihre Sicht auf die Probleme im Team geschildert, immer zwischen Selbstbewusstsein und Hilflosigkeit schwankend. Offensichtlich hatte sie Angst um ihren Job, und diese Angst schien, so wie sich ihre Vorwürfe gegen Alfons und Sabrina angehört hatten, auch berechtigt. Katja hatte sich während der Ausführungen Anikas das Gefühl aufgedrängt, dass man sie im Team loswerden wollte oder sie nicht mehr in das Team passte.

Dass es Konflikte zwischen Sabrina und Anika geben könnte, darauf hatte sie Alfons bereits bei den Bewerbungsgesprächen hingewiesen. Doch ihn hatte die starke Frau, als die sich Sabrina präsentiert hatte, sichtlich beeindruckt; weshalb sich Katja seiner Entscheidung fügte, sie einzustellen. Es war Sache der Koordinatoren, ihr Team zu gestalten, Katja wirkte nur milde steuernd mit. Durch minimale Einmischung in die Personalauswahl wollte sie sicherstellen, dass Teamleiter und Mitarbeiterinnen am Ende harmonierten. Diesbezüglich hatte sie jedoch bei Sabrina Bedenken gehabt. Nun stand das Team, wie es stand ... und vor ihr drehte sich Alfons umständlich eine Zigarette.

Seine weichen Züge und das halblange Haar, die Tatsache, dass er promoviert war und stets lange nach Worten suchte, ehe er einen Gedanken umständlich formulierte, machten ihn ihr nicht übermäßig sympathisch. Alfons war kein Anpacker, wie sie es schätzte; er verwickelte sich lieber in komplizierte Eventualitäten, die ihn und sein Team ausbremsten und eher Probleme schufen, als sie zu lösen. Schon deshalb gehörte er zu den Männern, die sie für gewöhnlich links liegen ließ. Deshalb hatte sie ihn auch kaum wahrgenommen, solange Mona das Team geführt hatte. Er war jemand – hatte sie damals gedacht –, der einfach Routinen abarbeitete und sonst keine Ansprüche hatte.

Doch nun musste sie feststellen, dass diese Einschätzung ein Irrtum gewesen war. Das erste Mal waren ihr Zweifel an seinem Langmut gekommen, als er sie geradezu erpresst hatte, ihn zum Teamleiter zu machen, indem er mit Kündigung drohte und damit bereit war, den gesamten Beratungsservice zu gefährden, wenn nicht er die Stelle bekam. Die Ratsuchenden waren ihm dabei gleichgültig gewesen. Sie hatte sich in seine Wünsche gefügt und über seinen plötzlichen Durchsetzungswillen gestaunt. Und seit er die neuen Mitarbeiterinnen bei sich hatte, war ihr sporadisch aufgefallen, dass Amira und Anika zusehends ihr Strahlen verloren, wenn sie durch die Gänge des Verbands liefen – immer müder und abgekämpfter schienen sie zu wirken. Doch sie hatte nichts dazu gesagt, schließlich würde sie früh genug erfahren, was dort vorging.

Sollte sie sich so in Alfons getäuscht haben? Die Frage war doch, wer hier wessen Spielball war. War Alfons die Marionette in Sabrinas Händen, der sie durchaus zutraute, dass sie die Zügel im Team an sich riss und ihre Konkurrenz – nämlich Anika – gegen die Wand spielte?

Oder war Alfons gewiefter, als sie dachte, und lenkte und leitete das Problem selbst? Das traute sie ihm nicht zu. Aber hatte sie sich nicht schon einmal in ihm geirrt?

»Ich bin zufällig mit Dollinger auf das Problem zu sprechen gekommen«, hörte sie Alfons reden, bevor er seine Selbstgedrehte anzündete. »Er möchte, dass das Team funktioniert, und sieht keinen anderen Weg als personelle Veränderungen. Brita und Sabrina sind sehr gut eingearbeitet, wir können also einen neuen Mitarbeiter einstellen. Die Beratungen werden nicht darunter leiden.«

Dass Alfons erst mit dem Geschäftsführer redet, ehe er sie aufsucht, entsprach nicht dem Dienstweg, dachte Katja ärgerlich, schließlich war sie die Regionalleiterin. Eine Anmaßung ohnegleichen hatte sich Alfons da geleistet, die sie nicht auf sich sitzen lassen konnte. Und da war noch etwas, was sie aufhorchen ließ. Alfons hatte völlig selbstverständlich von einem Mitarbeiter gesprochen, dabei waren alle seine Teammitglieder Frauen.

»Sie hat alle gegen sich aufgebracht, meine Mitarbeiterinnen im Team, selbst die Netzwerkkoordination.«

»Die Netzwerkkoordination?«, hakte Katja nach. Dort durfte es auf gar keinen Fall Probleme geben.

»Als ich sie in der letzten Netzwerksitzung über das neue Lehrerinnenprojekt habe referieren lassen, damit wir einen Überblick bekommen, was schon getan ist, hat sie vehement verlangt, man solle ihr das Projekt auch offiziell übertragen, und keine Ruhe mehr gelassen, bis wir die Diskussion abgebrochen haben.«

»War das nicht sowieso Anikas Projekt?«

Es war doch ihre Idee gewesen, dachte Katja, und sie hatte bislang allein daran gearbeitet.

»Die Projekte gehören niemandem ...«, erklärte daraufhin Alfons, »... schließlich geht es hier nicht um *mein* und *dein*, sondern um die Sache.«

Doch Katja zweifelte an der Ernsthaftigkeit dessen, was Alfons da erzählte, hatte sie doch selbst mit dem Netzwerkkoordinator gesprochen. Deshalb fragte sie: »Hast du aus diesem Grund dem Koordinationsteam erklärt, Anika sei mit ihren Arbeitsaufgaben völlig überfordert, damit man ihr das Projekt, das sie sowieso bislang allein gestemmt hat, nicht auch noch offiziell überträgt? In diesem Falle ließe sich natürlich schwer begründen, warum du sie aus dem Team wirfst, oder?«

Doch Alfons schüttelte den Kopf. »Sie schafft nur drei Beratungen am Tag.«

»Weil du ihr aufgetragen hast, nicht mehr als drei Beratungen zu machen, die dann wiederum anderthalb Stunden dauern sollen. Jetzt verkauf mich doch nicht für blöd! Ich habe mehr Einblick in dein Team, als du denkst; und ich weiß, dass sie die höchsten Beratungszahlen hatte, bevor du eingegriffen hast.«

Katja wurde klar, wie ernst es Alfons mit seinem Anliegen war. Nicht umsonst hatte er mit Dollinger bereits darüber gesprochen, nicht umsonst hatte er Anika jetzt mehrfach über ihr Lehrerinnenprojekt referieren lassen. Vermutlich wollte er alle Vorarbeiten zusammengefasst haben, bevor sie ging. Es sah schlecht aus für seine Mitarbeiterin, doch Katja kratzte auch etwas an der Sache. Es störte sie, dass hier ein Spiel gespielt wurde, bei dem sie sich wenigstens hintergangen fühlte. Sie witterte geradezu die Hinterlist und hatte das untrügliche Gefühl, dass Alfons sie hier für dumm verkaufte, indem er ihr eindringlich vorgab, Anika sei untragbar für das Team.

Dabei wusste Katja doch, dass Anika nicht nur die meisten Beratungen im Team absolvierte, sondern auch stets allen Mitarbeiterinnen ihre Hilfe angeboten hatte. Sie hatte hauptsächlich die Einarbeitung der neuen Teammitglieder übernommen und engagierte sich zusätzlich für zwei weitere Projekte im Haus. Auch ihre dienstältere Mitarbeiterin, der Anika im Haus bezüglich niedrigschwelliger Sprachkurse zuarbeitete, hatte sich positiv über sie geäußert; nur von Alfons hörte sie immerzu, dass Anika nichts schaffe, dass Anika alle gegen sich aufbringe.

Gerade weil sie sich von Alfons getäuscht fühlte, lag ihr nun nahe, ihn merken zu lassen, dass solches Vorgehen bei ihr nicht wirkte. Alfons sollte nicht denken, dass er sie hier irreführen könne; und so beschloss sie, ihn – vor einer Entscheidung – erst einmal gründlich gegen die Wand laufen zu lassen.

»Du sagst, es sei Zeit für einen neuen Mitarbeiter, um den Team-Frieden wieder herzustellen? Das klingt, als hättest du schon jemanden. Ist das so?«

Alfons nickte: »Ja, ein Bekannter von mir wäre bereit, ins Team einzusteigen. Mit ihm würde es außerordentlich gewinnen.«

»Aha, du beförderst also Anika aus dem Team, um deinem Freund eine Stelle zu verschaffen? Das ist ja interessant!«

»Nein!«

Scheinbar hatte Katja ihn erwischt, und sie genoss die Unsicherheit, die sie bei diesem kleinen Intriganten ausgelöst hatte. »So ist es natürlich nicht. Das Team funktioniert mit Anika nicht, der ganze Beratungsservice leidet darunter. Ich muss also eine Entscheidung fällen, wie wir das Problem in den Griff bekommen. Max hat jahrelang im Jobcenter gearbeitet, wie Birte, er passt perfekt, und ich bin mir sicher, Sabrina und Birte werden gut mit ihm zusammenarbeiten. Wir könnten alle Probleme auf einen Schlag loswerden, wenn wir ihn einstellen. Schließlich kenne ich ihn schon lange und weiß, wie er tickt.«

»Aha, und was ist mit Amira? Sie ist – scheint mir doch – mit Anika befreundet. Meinst du, sie wird es gutheißen, wenn du Anika durch deinen Max ersetzt?«

Alfons schüttelte sichtbar gequält den Kopf. Er hatte wohl nicht damit gerechnet, längere Verteidigungsreden halten zu müssen. Doch das sollte er schon aushalten, nachdem Anika ihr von der Kritikliste erzählt hatte und davon, wie sie sich dreißig Minuten lang hatte in Verteidigungsreden winden müssen.

»Amira ist das gewohnt. Sie hat schließlich, bevor Anika zu uns kam, auch mit Männern zusammengearbeitet. Das lief sehr gut. Sie wird die Umstellung meistern, da bin ich mir sicher.«

»Gut, da kommt aber noch dazu, dass wir ein Sozialverband sind – mit der Betonung auf ›sozial‹. Sagt dir das was? Du hast keine Kinder, Sabrina hat auch keine Kinder. Hat dein Freund Max denn Kinder?«

»Keine leiblichen, aber seine Freundin hat zwei Kinder, die er miternährt.«

Katja nickte, doch diese Aussage reichte ihr nicht. »Bist du dir im Klaren darüber, dass du den Vertrag einer alleinerziehenden Mutter nicht verlängern willst, die für ein Kind aufkommen muss, um als Ersatz einen kinderlosen Junggesellen einzustellen? Gleichgültig, mit wem er zusammenlebt.«

Je länger Katja mit Alfons redete, umso sicherer wurde sie sich, dass Alfons selbst Aversionen gegen Anika hatte; und sie wunderte sich zunehmend über Anikas Naivität, die in ihren Problemen mit Sabrina scheinbar überhaupt nicht begriff, dass es offenkundig Alfons war, der sie loswerden wollte. Alfons wiederum schien nicht zu verstehen, dass er in Sabrina eine ernstzunehmende Konkurrentin hatte, die seine Position am Institut kippen konnte. Was sollte sie nun tun? Anika aus Alfons' Team herausnehmen und ihr eine Stelle in einem anderen Team anbieten? Dann würde der Unfriede zwischen Alfons, Sabrina und Anika im Sozialverband weiterschwelen. Das war keine Lösung. Und doch wollte sie ihn auf seine eigenen Probleme stoßen. Schließlich war auch er nicht unangreifbar – und wer gegen andere intrigierte, der sollte auch spüren, dass es ihm ähnlich gehen konnte. Keinesfalls sollte sich Alfons in seinem Tun sicher fühlen: Diesem kleinen Wicht wollte sie ordentlich Bescheid geben.

»Weißt du eigentlich, dass auch du Kritiker am Institut hast? Auch deine Position ist nicht sicher.«

Alfons sah sie irritiert an.

»Ja, ich erfahre einiges«, fuhr Katja fort und spielte auf Anikas Mitteilung über Sabrinas Versuch an, die Teamleitung zu übernehmen. »Du hast deine heftigsten Kritikerinnen in deinem eigenen Team, und das sind nicht Anika und Amira. Ich habe schon konkrete Vorschläge gehört, dass Sabrina die Teamleitung übernehmen könnte; und ich wiederum könnte mich bereitfinden, darüber nachzudenken. Schließlich sagst du selbst, dass es bei euch nicht klappt.«

Alfons zuckte zusammen, sie hatte ihn endgültig getroffen. Er suchte nach Worten, hektisch, wie es ihr schien, eine Hektik, die seine Unsicherheit noch betonte. Dann fand er sie und erklärte: »Keine Sorge, das wird sich alles fügen, wenn wir die personellen Veränderungen durchziehen.«

»Und wenn ich den Vorschlägen folge? Schließlich sind es handfeste Vorwürfe, die hier im Raum stehen. Du seist komplett unorganisiert und unstrukturiert, wärest kaum in der Lage, eine zielführende Team-Besprechung anzuleiten oder einen Sachverhalt zu klären.«

»Das sind Unterstellungen!« Katja spürte den Zorn in Alfons' Worten. »Unsere Zusammenarbeit funktioniert ausgezeichnet ...«

»Ah«, fiel sie ihm ins Wort, »dann gibt es ja keinen Grund, Anika auszuschließen, oder?«

»Doch«, erwiderte Alfons. »Ich bin mir sicher, wir werden mit Max besser funktionieren. Der Beratungsservice wird an Kollegialität gewinnen, und das dient allen, den Mitarbeitern wie den Klienten.«

Daran zweifelte Katja, doch was sollte sie tun? In Alfons' Team musste der Frieden wiederhergestellt werden, damit der Beratungsservice funktionierte. Darum ging es schließlich, der Verband musste rotieren, und wenn das nur auf Anikas Kosten ging, dann musste sie eben gehen. Und schließlich war sie sich sicher, dass derzeit alle Mitarbeiterinnen so gut eingearbeitet waren, dass Anikas Fortgang kein Problem darstellte. Ihr gegenüber standen Alfons, Sabrina und vielleicht noch Birte, also drei Personen. Es gab nur eine Lösung. Wenn wirklich jemand das Team verlassen musste, dann musste Anika gehen. Ihre Freundin Amira würde keine Probleme machen.

Dazu kam, dass Katja sich nicht gegen Dollinger stellen konnte und wollte. Der Geschäftsführer würde im nächsten Sommer in Rente gehen, und dann ging es um seine Stelle, auf die Katja gute Chancen hatte. Zumindest war es Anika nicht wert, wegen ihr einen Disput mit dem Chef anzufangen. Wenn Dollinger sich einmal für Anikas Ausscheiden entschieden hatte, mit welchen Gründen auch immer Alfons ihn davon überzeugt hatte, dann wäre es ein Risiko, das Thema auch nur aufzugreifen und ihm gegenüber anzudeuten, dass sie anderer Meinung war. Schließlich sollte Dollinger davon ausgehen, dass Katja den Verband nach seinem Abschied in seinem Sinne weiterführte. Diesen Eindruck konnte sie aber nur erwecken, wenn sie zu ähnlichen Schlüssen kam wie er. Insofern war es sogar gut, seine Meinung vorab zu wissen.

Sich offen für Anika einzusetzen, schien dagegen nicht geraten. Doch Alfons sollte sich auch nicht zu sicher fühlen. Schließlich hatte er sie übergangen, und dieser Umstand wog für Katja schwer. Sie beschloss also, ihrer Entscheidung eine Warnung hinterherzuschicken.

»Bei deinem Vorgehen muss ich davon ausgehen, dass du mit dem Dienstweg überfordert bist. Wenn das nochmal vorkommt, dann werde ich ernsthaft über deine Eignung als Teamleiter nachdenken.«

Alfons nickte beflissen.

»Anika kannst du informieren, dass ihr Vertrag nicht verlängert wird; und ich hoffe, dass ist unser letztes Gespräch über negative Personalien. Die Fähigkeiten eines Teamleiters bestehen darin, das Team zusammenzuhalten, auch wenn es aus unterschiedlichen Charakteren besteht. Willkürlich seine Mitarbeiter auszutauschen, ist dagegen ein Zeichen von Führungsschwäche. Du überzeugst mich diesbezüglich nicht.«

*

An diesem Abend kam Alfons mit einer Flasche Sekt nach Hause.

»Es ist durch«, sagte er und wirkte unendlich erleichtert. »Anika ist fort. Sie hat sich sofort krankschreiben lassen.«

Dann schwärmte er von seinem neuen Team, den Plänen, die er hatte, und davon, dass der Beratungsservice sie mindestens weitere fünf Jahre ernähren würde, schließlich mussten tausende Flüchtlinge vor Ort in den Arbeitsmarkt integriert werden.

Heike betrachtete ihren Mann, ja, sie freute sich für ihn – und doch: Diesen gehässigen Zug um seine Mundwinkel, wenn er von Anikas Ruin sprach, mochte sie nicht. Wollte er wirklich nur seinen Freund einstellen, oder warum hasste er diese Frau so sehr? All die vergangenen Monate hatte sie beobachtet, wie er sich in seine Verachtung für die Kollegin hineingesteigert hatte. Seine Verbitterung war mit jeder Woche gewachsen, als wolle er damit sein schlechtes Gewissen immer wieder neu ausradieren. Sie wusste, ganz spurlos konnte sein Tun auch an ihm nicht vorübergehen; also musste er emotional dagegen wirken; und das tat er mit Hass und indem er immer neue Gründe dafür fand.

Heike kannte ihren Mann, so langmütig er auch schien, so zurückhaltend er sich zeigte und so wenig, wie man ihm seine Gefühle anmerkte – er konnte extrem zynisch, ja, bösartig werden. Bei dem Versuch, seine Konkurrentin aus dem Team zu werfen, hatte er einen beeindruckend langen Atem bewiesen, war die Ruhe selbst geblieben. Und dabei hatte sie ihm noch geholfen, hatte ihm aus ihrer eigenen Beratungspraxis die perfekte Methode geschildert, mit der Klientinnen von ihr erst ins Abseits gedrängt und dann dazu gebracht worden waren, sich selbst zu disqualifizieren. Es war immer dieselbe Masche.

Im Prinzip hatte er nicht viel tun müssen, nur Sabrina auf Anika ansetzen und Erstere stetig bevorzugen – Sabrina, eine ehrgeizige und karrierebewusste Frau, die ganz sicher nicht als einfache Mitarbeiterin enden wollte. Das Ganze hatte er mit Negativ-Einschätzungen in den oberen Etagen der Hierarchie unterstützt.

»Zersetzung« hieß dieses Vorgehen einst bei der Stasi. ›Widerwärtig!‹, dachte sie. Ihr war nicht klar gewesen, dass ihr

Mann sein Unterfangen so mitleidlos durchziehen würde, und das schockierte sie nun doch.

Noch Anfang dieses Jahres, als Anika nichts ahnen konnte, hatte sie auf der Berufsmesse den Stand des Beratungsservices aufgesucht, um sich ein Bild von der Frau zu machen, die ihr Mann so ablehnte. Auf unbeschwerte Fröhlichkeit der Mitarbeiterinnen war sie gestoßen; und sie hatte es nicht bezwingen können, gegenüber Anika Andeutungen zu machen, was geschehen könnte. Doch Anika hatte nur gelacht und abgewehrt. Mobbing traue sie Alfons nicht zu, sie wären doch ein super Team, und sie hatte gewitzelt und gespottet, dass auch Heike hatte mitlachen müssen. Jetzt – zehn Monate später – war sie am Ende, und wie sie aus Alfons' Berichten herausgehört hatte, musste sie die letzte Zeit im Team sehr gelitten haben.

Mehrfach hatte sie ihrem Mann gesagt, dass ihr sein Vorgehen nicht gefalle, schließlich hatte sie es beim Coaching mit Menschen zu tun, die ihr selbst als Opfer davon berichteten, was Mobbing mit einem macht. Doch Alfons hatte stets ihre Bedenken abgewehrt, hatte mit immer stärkerer Ablehnung gegen Anika reagiert und schließlich erklärt, er müsse sich auch selbst in seinem Team wohlfühlen können.

Auf diese Weise hatte er sich in seine Verachtung hineingesteigert, was Heike bedenklich schien. Denn so fokussiert, wie er auf den Rauswurf von Anika gewesen war, könnte er leicht etwas übersehen haben. Und wenn es nun einmal so war, dass er über Anika gesiegt hatte, dann musste sie ihm auch jetzt noch einmal helfen. So lag die Frage nahe, ob Katja denn keine Andeutungen gemacht habe, dass ihr sein Vorgehen nicht gefalle.

»Katja? Sie hat mir nur Vorhaltungen darüber gemacht, dass Anika ein Kind versorgt ...«, erklärte er, »... und sie hat mich vor Sabrina gewarnt.«

»Sabrina?« Heike horchte auf. Dass Sabrina auch vor Alfons nicht Halt machen würde, war naheliegend, daher misstraute sie der Einschätzung ihres Mannes: »... aber die habe ich im Griff, so gut, wie sie mir die letzten Monate zugearbeitet hat.« »Du solltest vorsichtig sein«, sagte sie deshalb. »Sabrina will Karriere machen.«

»Das weiß ich.«

Ihr Mann lehnte sich selbstgefällig zurück und zeigte sein Grinsen, dass Heike so gar nicht gefiel.

»Sobald es eine Möglichkeit gibt, werde ich Sabrina für eine Teamleiterstelle empfehlen. Dann bin ich auch sie los, kann mir aber sicher sein, dass sie meine Position im Verband stärkt.«

»Dann sag ihr das bereits jetzt. Wenn sie weiß, welche Chancen sie hat, dann hält sie sich vielleicht ruhig.«

Heike betrachtete ihren Mann, sah, wie sich seine Züge verzerrten. Er grinste, verschränkte die Arme und sagte: »Ich hätte nicht gedacht, dass das so einfach ist.«

· Symbiose ·

Der Antrag abgelehnt. Antonia stellte die Waschmaschine auf
»Spülen«. Eben hatte sie das Schreiben in der Post gefunden,
mehrmals in den Händen gedreht und schließlich geöffnet.
Umständliche Begründungen der Gutachter – an den Haaren
herbeigezogen, dachte sie. Sie wusste, es ging nicht nur um
die Qualität der Anträge; unter den Förderungswürdigen zähl-
ten die Netzwerke und Positionen der Antragsteller; und jetzt,
erst langsam, stieg die Gewissheit in ihr auf, bis sie im Schädel
dröhnte: Hartz IV würde weitergehen und kein Eisen mehr im
Feuer. Sie dachte an ihr Konto oder an das, was dort nicht war,
an ihre zwölfjährige Tochter und die Drohung der Jobcenter-
dame, sie müsse sich bei einem vor Ort angesiedelten großen
Internethändler bewerben. Schließlich sei Hartz IV nicht als
Überbrückungsgeld gedacht, bis mal etwas von den hochfliegenden Träumen einer promovierten Historikerin klappte. Eine
kurze Frist hatte die Dame ihr eingeräumt, die würde nun ver-
streichen, und wenn sich Toni weigerte, würde ihr Satz um
dreißig Prozent gekürzt werden.

»Nur *Ihr* Satz ...« – hatte die Jobcenterdame mit scheinheili-
gem Ernst gesagt – » ... wir wollen ja schließlich nicht Ihr Kind
bestrafen.«

Nicht das Kind strafen? Svenja lebte von Tonis Satz, und
Toni begnügte sich mit dem, was die Hartz-IV-Gesetze einer
Minderjährigen zugestanden. Und überhaupt, warum nur lag
das elende Versandzentrum dieser asozialen Firma direkt vor
der Stadt?

Wenn sie jetzt den Forschungsantrag nochmal einreich-
te, dann bei einer Stiftung. Sie hätte wieder vier Monate zu
warten, genügend Zeit, von *Amazon* in Beschlag genommen
zu werden, um für Mindestlohn Päckchen zu packen. Das wäre

für Toni nicht nur wirtschaftlich und – bei der ganzen Antrag-stellerei – zeitlich eine Katastrophe, sondern auch moralisch und ökologisch. In jedem Fall aber wäre das ihr Ausstieg aus der Wissenschaft, denn was sollte sie neben einem Vierzig-Stunden-Job noch schaffen?

Vielleicht würde sie das Stipendium bekommen, aber spä-testens, wenn es auslief, nach ein oder zwei Jahren, wäre sie in derselben Situation wie heute. Ohne Einzahlungen in die Sozialkasse, würde sie nach spätestens zwei Jahren wieder in Hartz IV landen.

›Freiwillig in die Sozialkasse einzahlen‹, dachte Toni, ›um eine Überbrückung zu sichern?‹ Ja, dafür müsste sie sich finanziell auf ihren Partner verlassen können. Doch Lutz schrieb seit fünf Jahren an seinem Lebenswerk und tat keinen Handschlag, sich an den Finanzen seiner Familie zu beteiligen. Ab und an kleinere Förderungen und Aufenthaltsstipendien für Archivrecherchen, die er sich ansonsten nicht leisten könnte, ansonsten Hartz IV, wie Toni, seit vor drei Monaten ihr letztes Stipendium ausge-laufen war. Wenigstens kümmerte sich Lutz um ihre Tochter, war da, wenn Toni am Computer saß; doch finanziell würde sie von ihm nichts erwarten können. Wenn sie zwei Personen er-nährte – wie sollte sie die Sozialbeiträge von einem Stipendium stemmen? Von den Rentenzahlungen ganz zu schweigen.

›Mist!‹

Toni hatte die Waschmaschine geöffnet. Entsetzt hielt sie Svenjas Lieblings-Shirt in der Hand – verfärbt.

›... verdammt nochmal!‹

Ein Wäschestück nach dem anderen zog sie aus der Maschi-ne. Was an Svenjas Kleidung weiß gewesen war, trug nun ein-deutig die Spuren ihrer neuen roten Sommerhose, ein fleckiges Rosa, das sie Svenja nicht mal zugemutet hatte, als sie noch ein Baby war.

Sie schnappte nach Luft, aufhängen oder gleich wegwerfen? Aber das Leben hatte sie gelehrt, auszuhalten und immer weiterzumachen, egal, was sich ihr in den Weg stellte. So warf sie die Kleidung in den Wäschekorb und schleppte ihn ins Schlafzimmer, um die Sachen dort aufzuhängen. Als sie das erste Stück glattschüttelte, atmete sie auf. Von Lutz keine Spur, gut, dass es so war. Die Wohnung gehörte nur Svenja und ihr, trotzdem sie eine Familie waren. Lutz' Opus Magnum, das Wissenschaftlerzeitvertragsgesetz und die Hartz-IV-Reformen hatten dafür gesorgt, dass Toni sich bereits in Svenjas zweitem Lebensjahr dafür entschieden hatte, von Lutz getrennt zu wohnen. Denn im anderen Falle hätte sie ihn stets miternähren müssen. Ihr Einkommen für drei anstatt zwei Personen, das war ihr zu viel gewesen. So blieb für Svenja eine kleine Reserve, und Lutz erhielt seinen vollen Satz, unabhängig von ihrem Einkommen. Svenjas Fixkosten trug Toni, und in ihre Einkäufe für gemeinsame Mahlzeiten teilten sie sich hinein.

Um ihren Zustand als getrenntes Paar offiziell zu machen, hatte sich Lutz eine eigene kleine Wohnung um die Ecke gesucht, in der er sich in Büchern und Archivmaterialien eingegraben hatte – das Büro eines Historikers mit Sanitärbereich und Schlafgelegenheit, spotteten sie stets. Bücher und Ausdrucke, wohin man sah. Selbst hinter den Töpfen in der Küche hatte sie schon Teile von Lutz' Bibliothek entdeckt. Und wenn sie ehrlich war: So wenig, wie das in einen Familienhaushalt passte, sie besuchte Lutz gern in seiner Bude. Gerade diese Versiertheit einer Existenz für die Wissenschaft, die Regale bis zur Decke, die Tische voller Notizen, die Bücher in den Küchenschränken, gerade das reizte sie an Lutz. Sein Leben zwischen Archivar und Wissenschaftshistoriker machte ihn für sie attraktiv. Sie waren ein Wissenschaftlerpaar, wie es ein Karikaturist nicht besser hätte darstellen können, weltfremd, begabt und im steten Kampf um ihre finanzielle Existenz. Und Lutz' Junggesellenbude hatte noch einen weiteren Vorteil: Nachweislich – so hatten es das misstrauische Jobcenter und die Unterhaltsvorschussstelle festgestellt – fand ein Kind dort keinen Platz.

»Mamaaa!«, schrie es hinter ihr. Svenja, sie stand da und zog ihr Lieblings-T-Shirt von der Leine. Kurz beobachtete Toni, wie ihre Tochter atemlos den Mund bewegte, dann entluden sich wüste Beschimpfungen in den sonst so stillen Raum. Plötzlich stand auch Lutz in der Tür. Die Wohnungstür hatte Toni gar nicht gehört. Svenja schleuderte laut aufheulend das nasse Shirt gegen die Wand, raste davon, und Toni hörte die Kinderzimmertür krachen und dann das Glas darin nachklirren. Heftiges Schluchzen drang nun aus Svenjas Raum, während Lutz ihr Shirt aufhob und betrachtete.

»Das ist verfärbt«, klärte er auf, worauf Toni mit einem Oberteil auf den Wäscheständer schlug und aus dem Raum rannte.

»In der Lösung zwanzig Minuten entfärben und dabei gut lüften«, stand auf der Verpackung, die ihr Lutz aus seiner Wohnung geholt hatte. Toni rührte das Pulver in einen Eimer mit heißem Wasser auf dem Balkon. Da sparte sie sich das Lüften, dachte sie, während sie die giftigen Dämpfe roch. Dann holte sie alle rosa eingefärbten Kleidungsstücke vom Wäscheständer. Einige davon würde sie nun endgültig versauen, ahnte sie. Es blieb abzuwarten – nicht jeder Stoff hielt dieses Mittel aus.

Wie sollte es nun weitergehen? Rührend betrachtete sie die sich stark verdunkelnde Brühe. Das Schwarz würde es nicht schaffen – zum Glück hatte sie eine kleine finanzielle Reserve vor den Behörden versteckt. Hätte sie diese Reserve erst aufbrauchen müssen, bevor sie Hartz IV beantragt hatte, dann würden sie die Existenzängste jetzt auffressen. Sie konnte so die Einkünfte noch einige Monate aufbessern, damit ihre Tochter nichts von ihrer Situation zu spüren bekam. Und sie war ein Antragsfuchs für alle möglichen sozialen Unterstützungsleistungen geworden, spätestens seit sich ihr Professor und Mentor in den Ruhestand verabschiedet hatte. Sein Einfluss auf Kollegen fehlte nun, und seine Nachfolgerin trug offensichtliches Desinteresse an allen seinen Schülern zur Schau. Sie zog ihren eigenen Nachwuchs ins Institut hinein, sobald sie wieder eine Stelle von der Altlast ihres Vorgängers freigeräumt hatte.

Toni zog eines von Svenjas Shorts aus der Brühe. Das Ergebnis ihres Entfärbungsversuchs schlug ein. Zwar war die rosa Verfärbung aus den seitlich angebrachten, weißen Streifen verschwunden, doch das ehemalige Schwarz hatte sich in Batik-Khaki verwandelt. Ein ähnliches Bild bot sich bei Svenjas grünem Shirt, das nun schilfgrün-gelblich leuchtete. Nur das bereits vorher im Batikstil gehaltene blauweiße Shirt hatte die chemische Attacke überstanden und sah aus wie neu.

Wenigstens eins gerettet, sie hielt es hoch und Svenja entgegen, die mit rotgeweinten Augen in die Balkontür trat. Doch ihre Tochter sah kaum auf das leuchtende Blauweiß. Schon irrten ihre Augen zu den anderen Kleidungsstücken. Sie griff nach einem nun fast weißen Shirt, zog es an den Fingerspitzen in die Höhe.

»Was ist das?«, überschlug sich ihre Stimme, und die Tränen brachen wieder hervor.

»Das *musste* rosa sein! Das war ein *rosa* Shirt! Was fällt dir ein? Musst du mir alles versauen?«

Toni sah hilflos zu, wie Svenja tobte, ein Kleidungsstück nach dem anderen angeekelt emporhob und in die Ecke warf, auch die nun Khaki-Hose – mit der Bemerkung »Kackbraun« – und das schilfgrüngelbe. Erstmals freute sie sich über die Angewohnheit ihrer Tochter, bei jedem Problem aus dem Zimmer zu rennen und mit der Tür zu knallen. Der Lärm verhallte, und Toni war wieder mit der Wäsche und ihren Gedanken allein. Jedenfalls – so hatte es auf der Verpackung gestanden – musste die entfärbte Wäsche noch einmal gewaschen werden. Ob ihre Tochter jemals Khaki tragen würde? Wohl eher nicht, aber sie – Toni – würde ihre Aufgabe zu Ende bringen, wie auch schon ihr Studium und ihre Doktorarbeit, mit Bestnoten! Sie tat die entfärbte Kleidung zu der neuen Schmutzwäsche in die Waschmaschine und ließ sie rotieren.

Vor einer erneuten Chance auf Finanzierung lagen die Überarbeitung des Antrags und Wartezeit, vor dem Antritt einer Stelle Bewerbung, Einladung und Bewerbungsgespräch. Beides würde dauern. Und beider Ausgang war ungewiss. Sie musste eine Zwischenlösung finden, um kurzzeitig unabhängig von der Vermittlerin zu werden und nicht bei *Amazon* zu landen. Geschenkt bekam sie nichts – welche Fähigkeiten konnte sie verkaufen? Ihr Einkommen zusammenstottern, vielseitig sein. Was hatte sie, wieviel brauchte sie noch?

Oder doch? Ja, das musste sein. Sie musste endlich auch Lutz in die Pflicht nehmen. Lutz sollte sich um Einkommen kümmern, damit er Unterhalt zahlte. Beide waren sie Historiker, beide promoviert, beide anerkannt; Lutz sprach und schrieb ausgezeichnet Englisch. Schon manches Mal hatte er für Kollegen übersetzt und lektoriert; und jeder wollte heute auf Englisch publizieren. Doch die meisten scheiterten an der exakten Wissenschaftssprache. Warum nicht Geld dafür nehmen?

Und sie selbst? Übersetzungen aus dem Russischen und Deutschlektorat. Das war in der Wissenschaft nicht sehr gefragt, wäre aber wenigstens zu überdenken. Außerdem sollte sie einen Weg suchen, mit dem Direktor des Instituts zu sprechen, damit dieser wenigstens für kurze Zeit Lutz' Projekt finanzierte. Schließlich war er seit Jahren am Institut assoziiert und hatte kaum Gelder abgefasst. War seine Arbeit nicht ein Prestigeprojekt?

Toni und Lutz wären nicht die ersten Wissenschaftler, die sich mit Dienstleistungen durchschlügen, und die Vorteile lagen auf der Hand. Man würde sie nicht mehr vermitteln, und es gab finanzielle Unterstützung, Einstiegsgeld, zwölf Monate finanzielle Unabhängigkeit. Sie sollte mal im Internet nach den Voraussetzungen suchen.

Als Toni die Waschmaschine öffnete, war sie zunächst etwas erleichtert. Doch dann gab ihr der Anblick den Rest. Die neue Schmutzwäsche, die noch trocken in der Waschmaschine gelegen hatte, war von dem Entfärbungsmittel der behandelten Kleidung fleckig geworden. Sie hängte sie auf. »Ich hasse dich! Ich will nichts mehr mit dir zu tun haben! Ich will dich *nie* wieder sehen!«, schrie es in ihrem Kopf.

Toni ging in ihr Arbeitszimmer, nahm Buntpapier. Den fertigen Gutschein mit der Aufschrift »Klamotten für dreißig Euro!« schob sie unter der Kinderzimmertür durch, schnell, bevor ihre Tochter auch noch diesen Schaden entdeckte.

Toni und Lutz, sie mussten reden.

*

Die Wochenenden gehören der Familie. Das soll so sein; und auch ihr selbstgefühlt-erwachsenes Töchterchen hatte deshalb den Sonntagsausflug akzeptieren müssen. Schließlich hatte sie sich schon am Samstag ausgeklinkt, war mit Freundinnen shoppen gewesen.

Eine Pause am Peißnitzhaus, im Garten der zumeist alternativ wirkenden jungen Eltern, das war Tradition seit Svenjas Geburt. Zumindest landeten sie regelmäßig dort, wenn nichts anderes anstand.

Versorgt mit Getränken, über die letzten Schulerfahrungen im Gespräch, sah sie Lutz um die Ecke kommen und zwar nicht allein. Er redete auf den Direktor des Historischen Instituts ein, der wohl ein einsames Wochenende in Solau verbrachte, während seine Familie doch in München wohnte.

»Manchmal, wenn viel ansteht, spare ich mir die Heimfahrt«, erklärte er auch unumwunden, als Toni ihm die Hand reichte. Lutz nötigte Hens, sich dazuzusetzen, was ihm Svenja sofort mit einem giftigen Blick dankte, hatte er doch wieder einmal das Familienidyll aufgebrochen. ›Typisch‹, dachte auch Toni, ›Lutz mit seiner ausufernden Kontaktfreudigkeit‹ … die er sich jedoch nie für Karriere oder Einkommen zunutze machte. Jetzt war Direktor Hens einmal da. Svenja saß mit wütender Miene daneben und ahnte, dass sie zu schweigen hatte.

»Dann hätte ich auch mit meinen Freundinnen ausgehen können«, zischte sie erbost ihrer Mutter zu, und Toni nickte verständnisvoll, während Hens die unvermeidliche Frage nach ihrem Ergehen stellte, eine Frage, die Toni für den Augenblick zutiefst ablehnte. Ja, wenn es gut lief, dann plauderten die Wissenschaftler; aber die erzwungenen Finanzierungspausen, die alle trafen, die nicht mit einer unbefristeten Stelle versorgt waren, und das war die Mehrheit ihrer Kolleginnen und Kollegen, besprach man lieber nicht, erst recht nicht mit einem Gatekeeper.

Und doch, das war die Chance – ihre Chance, denn Lutz allein würde die Lage nicht retten. Er würde nur von publizistischen Erfolgen und wissenschaftlichen Inhalten reden; doch derzeit ging es um ihre Existenz.

»Wir brauchen eine Zwischenlösung«, fiel Toni Lutz ins Wort und spürte seinen Tritt gegen ihr Schienenbein. Scheißegal, was Hens von ihr dachte, und noch egaler, was Lutz für ein Bild von sich zeichnen wollte, Hens musste helfen.

Doch der Direktor schwieg und sah sie prüfend an, während Svenja – wegen des drohenden öden Gesprächs – aufstand und ihrer Mutter mitteilte, sie werde sich mal ein bisschen umsehen.

»Wir brauchen eine Zwischenlösung, bis unsere neuen Anträge eingereicht und bewilligt sind«, erklärte sie noch einmal unverdrossen und nickte ihrer Tochter zu, damit diese endlich den Tisch verließ. Es war besser, wenn sie das Gespräch nicht hörte – Sorgen, vor allem finanzieller Art, wollte Toni noch immer von ihr fernhalten.

»Das kann eine Weile dauern«, fügte sie hinzu. Die Ablehnung des letzten Antrags erwähnte sie nicht.

»Bei uns gibt es zurzeit keine Vakanzen.«

Die Antwort hatte sie erwartet, und darum ging es ihr auch nicht. Lutz blickte Hens an, der hilflos die Schultern hob.

»Mich wundert, dass Lutz immer noch nirgendwo angekommen ist. Schließlich sind seine Ergebnisse international anerkannt.«

»Tja, das kann er auch nicht«, erwiderte Toni und lachte. »Wie denn? Lutz schreibt nur selten Anträge und bewirbt sich generell nicht auf Stellen.« Der Zynismus, den sie in ihrer eigenen Stimme entdeckte, ließ ihren Blick kurz zu Lutz' Gesichtszügen schweifen. Doch der blieb stumm.

»Sie haben es hier mit einem verkorksten Gelehrten alter Schule zu tun, nicht mit einem Wissenschaftsmanager; und der muss man sein, wenn man heute eine Stelle will. Lutz kann nur arbeiten, aber nichts einfordern; und seine Freunde bestätigen ihn noch darin. Sie klopfen ihm auf die Schultern und sagen: ›Also, dass man dir, bei deinen Ergebnissen, noch keine Stelle angeboten hat?‹ Daran glaubt er, und die Familie leidet darunter.«

Eigentlich sollte Hens das doch wissen, dachte sie. Schließlich kannte er Lutz seit fünfzehn Jahren. Da konnten die einseitigen Fähigkeiten und Unfähigkeiten ihres Lebensgefährten ihm nicht entgangen sein.

»Im Prinzip wissen wir doch alle, dass man sich auf dem Stellenmarkt aktiv präsentieren muss, um eine Chance zu bekommen. Aber genau das kann er eben nicht, und daran wird sich auch nichts mehr ändern.«

Hens nickte, doch schien er unschlüssig, wie er reagieren sollte.

»Verstehen Sie?«, fügte Toni hinzu. »Er wartet, bis man *ihm* etwas anbietet, anstatt selbst aktiv zu werden. Das ist das Problem.«

»Na, dann weiß er ja jetzt, was schief läuft. Und deshalb reden Sie mit mir? Mit ihm müssen Sie reden.«

Aus den Augenwinkeln bemerkte Toni, wie Lutz unruhig wurde. Klar, dass ihm die nackte Wahrheit nicht gefiel, klar – aber Toni hatte sich vorgenommen, die Initiative zu ergreifen, und das würde sie jetzt auch tun.

»Wenn *er* nicht aktiv wird, warum werden *Sie* dann nicht aktiv und kümmern sich um Einkommen?« Tja, diese Frage war hart, aber zu erwarten. Verlegen durfte sie jetzt nicht werden ...

»Das habe ich jahrelang getan, aber derzeit kann ich nichts tun, außer an meinem Antrag zu arbeiten und ihn einzureichen. Wie gesagt, das dauert.«

»... und kann ich Ihnen dabei behilflich sein?«

Sie schüttelte den Kopf. »Das Projekt steht, einen etablierten Antragsteller habe ich auch. Mir können Sie im Moment nur helfen, wenn Sie die nächsten Monate Lutz unterstützen, damit er Kosten übernehmen kann. Lässt sich sein neues Buchprojekt nicht wenigstens teilweise finanzieren – mit einem kleinen Honorar vielleicht? Ein Exposé stellt er Ihnen schnell zusammen. Sie kennen ja seine Arbeit.«

Der Chef schien zu überlegen, und Toni beobachtete gespannt, wie er dabei den Kopf hin und her bewegte. Dass er nicht sofort abwiegelte, machte Mut. Entgegen ihrer Erwartungen schien ihr Ansinnen nicht ganz aussichtslos.

»Darüber müsste ich mit der Verwaltung reden«, erwiderte er schließlich, »versprechen kann ich nichts. Schicken Sie mir das Exposé.« Hens nickte Lutz zu, der sichtlich große Augen bekam. »Viel können Sie aber nicht erwarten.«

»Ja, das kann ich mir vorstellen ...« Aus den Augenwinkeln nahm sie Lutz' drohenden Blick wahr, doch davon konnte, ja, durfte sie sich jetzt nicht kirre machen lassen. Lutz hatte Hens angeschleppt, nun würde sie das Ihre tun, dass sie die nächsten Monate versorgt waren.

»Ich hätte da noch eine Idee, die uns dauerhaft ermöglichen würde, Durstphasen zu überstehen.« Neugier lag in Hens' Augen, während er sie betrachtete. Sein Blick ließ sie hoffen, dass sie nicht zu weit ging.

»Vorübergehend muss Lutz Geld verdienen; und was er dem Institut bieten kann, ist sein hervorragendes Englisch in Wort und Schrift.«

»Ja, ich könnte für das Institut wissenschaftliche Beiträge und Doktorarbeiten redigieren.«

Endlich ergriff auch er die Initiative. Toni atmete auf. Ihn hatte – so sah es aus – ihre Attacke auf Hens zwar beschämt, aber er hatte sie nicht unterbunden. Das Gespräch vor einigen Tagen zeitigte Früchte. Erleichtert blickte sie zwischen Hens und Lutz hin und her.

»Wenn Sie noch Mittel für Veröffentlichungen des Instituts haben, dann bietet er Ihnen seine Dienste an. Heute braucht doch jeder einen Lektor. Schließlich sind die deutschen Wissenschaftler nicht gerade berühmt für ihr ausgezeichnetes Englisch. Eine ordentliche Forschung sollte auch sprachlich überzeugend präsentiert werden, in sauberem Englisch und nicht in *Google-Translator*-Sätzen.«

»Tja, wir nutzen schon Editoren.« Hens sah Lutz direkt ins Gesicht, als müsse er überlegen, ob dieser konnte, was er versprach. Auch spürte Toni, dass sie mit ihren Bitten und

Forderungen hart an die Grenzen gegangen war. Doch dann hellten sich Hens' Züge auf, und er legte seine Hände bedachtsam auf den Tisch, lächelte und erwiderte: »Prinzipiell kann er ein Probelektorat abliefern und sich in die Liste der Editoren eintragen. Nur muss er im Falle eines Honorarvertrags tatsächlich selbstständig sein, er braucht noch weitere Auftraggeber – das will organisiert sein. Sie haben also einiges zu tun.« Erleichtert lehnte sich Toni auf ihrem Stuhl zurück. War es das schon? Hatten sie es geschafft? Wenn Lutz vorübergehend ein eigenes Einkommen hatte, mit dem er sich und Svenja finanzieren konnte, dann könnte auch Toni sich selbstständig machen und wäre *Amazon* erstmal los. So erfüllt war sie von dem eben Erreichten, dass ihr das weitere Gespräch belanglos schien. Sollten sich die Herren Wissenschaftler einen Disput über historische Daten und Fakten liefern. Sie musste sich um pragmatischere Dinge kümmern. Ihre Augen suchten die Umgebung ab. Wo war Svenja?

*

»Na, freust du dich, dass ich die Wäsche gewaschen habe?«
Unwillig streifte Toni Lutz' Hand von ihrer Schulter.
»Hat das nicht die Waschmaschine getan?«
Sie wusste, sie hatte Recht, und dennoch war es boshaft.
»Jedenfalls, weil du sie angeschaltet hast, zwingst du mich jetzt, die Wäsche aufzuhängen. Das ist die eigentliche Arbeit; und ich sitze gerade an unseren Business-Plänen.«
»Kommst du voran?«
Toni nickte.
»Wenn mich nicht andauernd die Hausarbeit ablenken würde ... Geh einkaufen.«
»Ich muss noch Dirk anrufen.«

»Dann geh nachher einkaufen. Der Zettel liegt in der Küche.«

Toni atmete auf, als die Tür ins Schloss fiel. Gut, dass sie nicht mehr in einer Wohnung arbeiten mussten. Beinahe Euphorie spürte sie dagegen, als sie wieder an ihrem Schreibtisch saß und die letzten Passagen, die sie vor der Wäsche geschrieben hatte, las. Diese Begeisterung fühlte sie immer, wenn sie an Texten arbeitete, von denen sie sich einen ideellen oder finanziellen Fortschritt versprach. Zu knapp war alles in ihrem Leben, um nicht für jeden kleinen Gewinn zu kämpfen.

Sehnsüchtig sah sie nach der Mappe mit ihrer letzten Forschung, die sie nicht wie Lutz im Archiv, sondern direkt unter ihren Mitmenschen absolvierte. Wenn nur der Mammon nicht wäre, sie würde sich sofort in die Zeitzeugeninterviews stürzen, Termine vereinbaren, sich mit Menschen treffen und über deren Geschichten sprechen, Lebensgeschichten, die sie fesselten und die sie als Wissenschaftlerin verstehen und verbreiten wollte.

Früh hatte sie begriffen, dass die Macht der Gewohnheit, das Alltägliche, dem Menschen den Sinn für seine Geschichten und damit auch für seine Geschichte raubte. Doch im Erzählen wurde das Einzigartige eines jeden Lebenswegs mit allen Irrungen und Wirrungen, mit allen Zusammenhängen wieder sichtbar, denn nur erzählend konnte man sich den Verflechtungen von Menschen, Ereignissen, Zeiten und Orten annähern. Sie hatte sich zur Aufgabe gemacht, den Zeitzeugen ihr Bild von ihrem Leben zu entlocken, ihre Erzählungen aufzubereiten und mit Hintergrundinformationen einer breiten Leserschaft zur Verfügung zu stellen. Das war ihr Leben, das war ihre Leidenschaft, für die sie ihre teilweise armselige Existenz in Kauf nahm.

Doch bevor sie ihre Forschungsmappe wieder aufschlagen durfte, mussten die Business-Pläne geschrieben und die Selbst-

ständigkeit beantragt sein, und darauf würde erst die Überarbeitung ihres Forschungsantrags folgen. Sie brauchte noch
einen langen Atem, um wieder bei ihrer eigentlichen Arbeit
anzukommen. Zum Glück war sie in ihrer Jugend Marathon gelaufen. Mit Blick auf die Füße, die Eingrenzung der Wahrneh-
mung auf jeden einzelnen Schritt, ließ sich so manche Strecke
schaffen.

Toni schrieb gleich an zwei Fassungen. Da Lutz einer solchen
alltagstrategischen Aufgabe nicht gewachsen war, hatte sie sich
überlegt, einen Antrag für zwei Geschäftsmodelle zu variieren.
Für Lutz Englischübersetzung und -lektorat, für sich selbst
Deutschlektorat und Übersetzung aus dem Englischen und
Russischen. Die Voraussetzungen, Stärken- und Schwächena-
nalyse und das Alleinstellungsmerkmal mussten unterschied-
lich begründet werden, der Rest bis hin zum Liquiditätsplan
passte auf beide. Wer hatte sich das bloß ausgedacht – zwanzig
Seiten abstrakter Informationen, zu beantworten von Hartz-
IV-Empfängern. Wer sollte das schaffen, wenn schon sie – als
promovierte Wissenschaftlerin – dabei ins Schwitzen geriet?
Und das alles, um als aufstockende Selbstständige dreihundert
Euro Einstiegsgeld zum Hartz IV zu erhalten und nicht mehr
vermittelbar zu sein, um in der Wissenschaft bleiben zu dürfen
und nicht bei *Amazon* Päckchen packen zu müssen.

Toni dachte nicht an Aufgeben. Es würde sich auch später
als nützlich erweisen. Selbst wenn ihr nächster Forschungsantrag bewilligt wird, würde sie früher oder später wieder
in derselben Situation landen. Es war nicht zu schaffen, For-
schungsfinanzierungen nahtlos einzuwerben, und auch Stellen
waren befristet und rar. Also vertiefte sie sich wieder in ihre
Argumente, Anträge waren schließlich ihr täglich Brot.

*

Wenn sie Lutz etwas zugutehalten konnte, dann sein Netzwerk, das international aufgestellt war. Seine Kontakte benötigte und benutzte auch Toni, seit sie ihren Weg mit Svenja gemeinsam gingen.

Während Toni pragmatisch-sachlich und für ihr Umfeld komplett unzugänglich – wie Lutz ihre geistige Arbeitsabwesenheit nannte – eine Aufgabe nach der anderen bewältigte, sich dafür zurückzog und auch sonst nur eingeschränkt Freude an Kommunikation hatte, pflegte Lutz ein eher flatterhaftes, wenn auch tagtäglich ausdauerndes Arbeitsleben. Wenn Toni in einem Kraftakt von wenigen Wochen die Ergebnisse einer Studie verschriftlichte, vollkommen fokussiert und kaum zu etwas anderem zu gebrauchen, dafür aber final – in einer überschaubaren Zeit – Ergebnisse lieferte, dann brauchte Lutz Jahre für einen dafür wesentlich längeren und detailreicheren Text. Denn sein Arbeitsstil war unstet. Täglich sprang Lutz zwischen mehreren Manuskripten, zahlreichen E-Mails und Telefonaten hin und her. Kaum effektive Arbeitszeit, kritisierte Toni – oder doch? Von den Ergebnissen seiner Netzwerkarbeit profitierte auch sie. Insofern waren sie eine Symbiose, einer angewiesen auf den anderen. Ohne Lutz' Kontakte, wäre Toni schon lange in der Sackgasse geendet, aus der Lutz' Freunde und Bekannte ihr immer wieder heraushalfen. Denn eines hatte Toni nach der Wiedervereinigung begriffen, ohne Vitamin B ging nichts – egal wieviel du leistest. Doch auf Selbstpräsentation und Netzwerkarbeit hatte sie ihre Kindheit in der DDR nicht vorbereitet; und so sehr sie auch ihre westdeutschen Kommilitoninnen studiert und versucht hatte nachzuahmen, es war ihr doch nie gelungen, das in der Kindheit Verpasste überzeugend nachzuholen. Also hatte sie beschlossen, sich einfach an Lutz' Verbindungen anzuhängen und sich über ihn Förderer gewogen zu machen.

Auch dieser Vortrag, zu dem sie heute reisten, war über Lutz zustande gekommen. Er hatte eine Kollegin in Berlin auf

Tonis Forschungsthema aufmerksam gemacht und den Kontakt zwischen Toni und ihr hergestellt, was wiederum in der Einladung mündete, der sie beide nun folgten. Toni brauchte die Professorin als Empfehlende für zukünftige Projekte – und vielleicht sprang eine Assoziierung heraus, die manches bei der Umsetzung ihrer Arbeit leichter machen würde. Natürlich musste sie sich heute selbst bewähren, aber die Tatsache, dass Lutz sie jetzt sogar begleitete, war einfach nur Glück.

Es wunderte sie nicht, dass Lutz vor dem Historischen Institut in Berlin noch am Eingangstor ein bekanntes Gesicht entdeckte und in eine überschwängliche Begrüßung verfiel, noch ehe Toni ihn bitten konnte, erst den Veranstaltungsraum aufzusuchen. Der Handschlag des Universitätsmitarbeiters galt beiden, dann wandte er sich Lutz zu. Während Tonis Augen den Himmel nach Wolken und Vögeln absuchten, vertieften sich die beiden in den Austausch über eine Tagung, die im Herbst stattfinden sollte.

›Aha, einer aus Lutz' Arbeitsgemeinschaft‹, erriet Toni und überlegte, ob sie jetzt über ihren Vortrag nachdenken oder ob sie nach einem Grund suchen sollte, sich in das Gespräch einzumischen. Und selbst wenn sie sich für Letzteres entschied, hätte sie doch nicht gewusst, worüber sie mit dem Fremden reden sollte; und genau darin lag ihre größte Schwäche. Toni leistete, doch konnte sie das, was sie leistete, nicht kommunizieren.

Für seinen Draht zu Menschen hatte sie Lutz immer bewundert. Er war ein Kommunikationstalent, mehr als es Toni jemals hätte sein können, auch dann nicht, wenn sie in den alten Bundesländern aufgewachsen wäre. Zu sehr sprachen die Charaktere aller ihrer Familienmitglieder dagegen.

Und so duldete es Toni, dass Lutz – wenn sie eilen wollte – immer wieder stehenblieb und Fremde auf der Straße ansprach. Mal waren es Bauarbeiter, die gerade eine Leitung verlegten und mit denen er die Baumaßnahmen debattieren musste; mit dem Postboten war er auf »Du« und nahm Pakete für die ganze Nachbarschaft an; mit einer Rentnerin, die im Viertel Katzen fütterte, besprach er die Stadtentwicklung der letzten fünfzig Jahre. Völlig fremde Menschen, die Toni noch nie bewusst wahrgenommen hatte, grüßten Lutz auf der Straße und blieben auf einen Schwatz mit ihm stehen, obwohl Lutz hier doch erst wenige Jahre wohnte, so wie Toni auch.

»Meine Frau hält gleich einen Vortrag«, hörte sie mit halbem Ohr und erschrak. Der Fremde sah sie forschend an, und Toni lachte sich selbst aus.

»Ich bin mehr die Macherin – er ist der Redner«, wies sie auf Lutz.

»Aber Vorträge hältst du trotzdem?«

»Tja, das gehört zum Business, leider. Wenn es nach mir ginge, dann würde ich meine Forschungsergebnisse überwiegend schriftlich verbreiten.«

»Sie schreibt ein Buch nach dem anderen«, kommentierte Lutz, doch der Fremde warf grinsend ein: »Dafür kommst du mit deinem Buch wieder nicht hinterher, obwohl du ständig Vorträge hältst ...«

»... sogar auf der Straße!«, fiel ihm Toni ins Wort, und der Kollege stieß Lutz lachend in die Seite.

»Das alles muss man gleichermaßen können, sonst hat man heute keinen Erfolg – gute Forschung, überzeugende mündliche und schriftliche Präsentation.«

Sein Nicken schien betont bedeutsam, was Tonis Widerwillen weckte.

»Das kann nur halbgewalkt sein«, sagte sie deshalb. »Ich möchte *dagegen* argumentieren, dass wir in der Wissenschaft Vielfalt brauchen ...«

Sie erhaschte die fragenden Blicke beider Männer.

»... nicht nur thematische, sondern auch charakterliche Vielfalt und Vielfalt an Talenten.«

»Aha, das ist auch ein Argument. Kann man schwer was dagegen sagen.«

»Ja ...«, Toni nickte ihm zu, »... wenn immer nur derselbe Charakter eingestellt wird, Typ Wissenschaftsmanager, der von allem ein bisschen kann, dann verzichten wir auf Qualitäten, die dieser Typ nicht hat ...«

»... und welche sollen dass sein?« Der Kollege grinste.

»Lutz, zum Beispiel, mit seiner jahrelangen, akribischen Archivforschung, für die ein Wissenschaftsmanager weder Zeit noch Geduld aufbringen würde; oder Wissenschaftspublizistik, was ich liebe, um unsere Ergebnisse in die Öffentlichkeit zu tragen, für die man Schreibaffinität braucht. Unsere Fähigkeiten und Talente haben schon Sinn, warum sie also nicht nutzen?«

»Okay«, sagte der Kollege. »Aber du wirst mir doch nicht widersprechen, dass Professoren heute auf allen Klaviaturen spielen müssen, oder?«

»... seit der Mittelbau abgewickelt ist, dort saßen ja früher die Sonderlinge, die für Spezialaufgaben herangezogen wurden. Die Professoren lassen solche Herausforderungen lieber links liegen.«

»Na, das sehe ich ähnlich. Doch die Parkplätze für Sonderlinge gibt es ja nun nicht mehr.«

»Schade!«, erwiderte Toni und sah zu Lutz.

»Ich würd's euch ja gönnen ...« Der Kollege blickte noch einmal zu Lutz: »Dir ganz besonders.«

Lutz bekam noch einen Stoß gegen die Schulter, bevor er sich verabschiedete. Dann eilte der Kollege davon.

»Na, geht doch«, grinste Lutz sie an, der ihre Schwäche – vor Gesprächen davonzulaufen – sehr gut kannte. »Und jetzt suchen wir den Vortragssaal. Du wirst überzeugen.«

PowerPoint und Argumente, das Spiel von Frage und Antwort, Toni war auf den Vortrag fokussiert wie auf eines ihrer

Manuskripte. Die Scheu fiel ab, sobald sie begonnen hatte, im offiziellen Rahmen zu sprechen; und sie tauchte ein in die Zeitgeschichten ihrer Gesprächspartner wie in ein Wasserbecken, das sie zu durchschwimmen hatte. Nein, die Vorträge waren nicht das Problem, auch nicht die Diskussionen ... – aber Lutz' Netzwerk, wenn sie das nicht hätte. So sehr es sie anstrengte, durch ihn immer wieder in Smalltalk verwickelt zu werden, gerade diese Anforderung, die Lutz an sie stellte, brachte sie stets weiter. Und deshalb folgte sie ihm auch – nach der Veranstaltung – zu den Gesprächen in lockerer Runde, holte sich das Lob und Interesse der Kollegen und bekam die Zusage der Professorin, die sie so sehr für ihre künftige Forschung brauchte.

*

»Wenn wir mit Jutta über English-Editing reden, dann solltest du gut vorbereitet sein. Hast Du alles?« Toni sah Lutz erwartungsvoll an, doch der zuckte nur mit den Schultern.

Die Verabredung zum Mittagstisch, mit der Direktorin, ging auf seine Kappe, traf er sich doch öfters mit den Museumsleuten. Er hatte in den letzten Jahren mehrere Kurzzeitstipendien für Archivreisen über sie generiert. Jetzt – das war Tonis erklärtes Ziel – sollte er sich dort auch als Übersetzer und Lektor anbieten.

»Hens hat es eindeutig gesagt, du brauchst mehrere Auftraggeber – gegen den Verdacht der Scheinselbstständigkeit – also beide Institute oder keins. Deshalb nochmal meine Frage, was hast du Jutta zu bieten?«

»Na, mein überzeugendes Englisch.«

»Hast du das schriftlich?«, fragte sie schnippisch; doch Lutz ließ sich wieder mal gar nicht beeindrucken. Stattdessen drehte er sich zum Computer um und klickte in den Text.

»Jutta wird mich schon unterstützen«, sagte er über die Schulter.

»Und warum sollte sie das tun?«

»Sie ist sympathisch.«

»Sympathisch, aha.« Lutz' Gleichgültigkeit brachte Toni auf die Palme, was konnte er uninteressiert sein. War es ihm denn gar nicht peinlich, dass er von Hartz IV kaum seinen eigenen Lebensunterhalt bestreiten konnte, geschweige denn, sich an dem seiner Tochter beteiligen?

»Weil sie sympathisch ist, kriegst du noch lange keine Aufträge. Das erfordert etwas mehr Überzeugungsarbeit«, redete sie in seinen Rücken.

»Sie weiß doch, was ich kann.«

»Ja, sie kennt deine Forschung, aber jetzt geht es um mehr. Du willst mit Aufträgen des Museums Geld verdienen, und dafür musst du andere Qualitäten beweisen als wissenschaftliche Arbeit. Du musst gut, zuverlässig und schnell sein; und um sie davon zu überzeugen, brauchst du Empfehlungen.«

»Okay ...« Lutz drehte sich nun doch zu ihr um. »Du meinst also ein Gespräch allein reicht nicht?«

»Genau!«

Endlich hatte Lutz kapiert. »Was soll ich tun?«

»Na – vielleicht eine Liste zusammenstellen, Empfehlungsschreiben einholen? Es reicht ja ein Satz oder ein kurzer Absatz von drei Professoren. Sieh mal, ob du was zusammentragen kannst, und schick es mir dann. Ich bringe es in eine sinnvolle Ordnung. Wenn wir ihr dann einen Flyer mit allen Eckdaten reichen könnten, wäre das professionell.«

Sie legte beide Hände auf seine Schultern, umarmte ihn kurz und fügte hinzu:»Immerhin hast du mehr zu bieten als ich. Nächste Woche ist das Gespräch beim Jobcenter, da sollten wir Juttas und Hens' Zusagen für dich haben.«

»Und du?«

»Unsere Business-Pläne sind fast fertig. Jetzt lass uns hoffen, dass sie überzeugen.«

Toni drückte Lutz noch einen Kuss auf den Hinterkopf, bevor sie seine Wohnung verließ.

»Mamaaa!«

Vor ihrer Wohnungstür saß Svenja mit einem Hefter auf dem Schoß. Nun rappelte sie sich auf und rieb sich die Beine, als wären sie eingeschlafen.

»Was ist los, wo ist dein Schlüssel?«

»Hab' ich vergessen. Ach, Mamaaa, ich hab' dich sooo lieb!«

Svenja fiel ihr um den Hals, als sie die oberste Stufe erstieg, und drückte sie so heftig, dass ihr die Luft wegblieb. Sie überragte ihr Mädchen nur noch um fünf Zentimeter. Svenja, mal Kind, mal störrische Halbwüchsige. Sie konnte Toni genauso mit Liebe ersticken, wie sie ihre Mutter mit Hass zerfetzen konnte. Toni hatte sich an das Wechselbad gewöhnt.

»Machst du mit mir Hausaufgaben?«

»Aus dem Alter bist du nun wirklich raus, muss das sein? Ich arbeite noch. Es ist noch nicht fünf.«

Doch Svenja ließ nicht locker, dabei hatte ihr Toni so oft erklärt, dass der Umstand, dass sie zu Hause arbeitete, nichts an den Arbeitszeiten änderte. Klar, Ausnahmen konnte es geben, und die machte sie auch, aber das nicht nach Belieben.

»Mach deine Hausaufgaben, und ich sehe sie mir dann an. Aber bis dahin bleibe ich in meinem Arbeitszimmer, okay?«

»Dann mach mir was zu essen und zu trinken.«

Diesen Wunsch erfüllte sie ihr. Stellte ein Brötchen mit Salami neben sie und ein Glas Saftschorle mit Eiswürfeln, gab ihr ein Küsschen auf den Kopf und verschwand vor ihren Computer.

Der Business-Plan, Toni ging noch einmal alle Punkte durch. Er würde sie vor *Amazon* retten. Die nächste Einladung zum

Jobcenter lag nicht mehr fern. Die Liquiditätsrechnung hatte sie nun doch von einem Steuerbüro machen lassen. Fördermittel brauchte sie nicht. Lutz hatte diese bekommen, und mit einem kleinen Deal war das Büro bereit, auch ihre Gewinn- und Kostenaufstellung zu erledigen. Schließlich waren nur die Miete und ein paar Versicherungen zu variieren. Alles andere war gleich.

Lutz hatte tatsächlich mehr zu bieten. Für einige Professoren hatte er schon Sprachassistenz geleistet. Sie sollten ihm das nun bestätigen.

Toni dagegen hatte zwar ein paar Übersetzungen vorzulegen, aber Lektorate hatte sie nur für Kommilitoninnen gemacht, deren Magister- oder Doktorarbeiten durchgesehen und korrigiert. Mit Namen und Titeln von Kunden konnte sie nicht punkten.

Dennoch, ein Ende der Wissenschaft würde sie nicht akzeptieren. Sie ging zu Svenja ins Nebenzimmer.

»Zeig mir, was du gemacht hast.«

*

»Ich hab' gute Nachrichten!«

Lutz schloss die Wohnungstür, als Toni ihm entgegenkam. Gute Nachrichten waren immer willkommen, und so sah sie ihn neugierig an.

»Wo ist Svenja?«

»Die liest in ihrem Zimmer. Also, was hast du für Neuigkeiten?«

»Lass uns erstmal setzen. Ich brauche einen Tee.«

»Zu Befehl!«

Toni machte eine militärische Geste und lachte. Dann eilte sie auf den Balkon und holte frische Pfefferminze, die dort im Sommer üppig gedieh. Sie spülte die Minzblätter ab, als der

Wasserkocher rauschte, den Lutz bereits angestellt hatte. Dann gab sie Honig und die Blätter in eine Tasse und füllte sie mit kochendem Wasser auf. Stellte die Tasse vor Lutz und setzte sich zu ihm.

»Also, was ist los?«

»Ich war heute am Institut«, sagte er, was Tonis Aufmerksamkeit sofort ins Unerträgliche steigerte.

»Und?«

»Die Verwaltungschefin kam mir entgegen und fragte mich, ob ich nicht ein Forschungshonorar beantragen wollte. Sie warte immer noch auf das Exposé.«

»Was? Das heißt, da sind Chancen!«

»Nicht nur das. Hens hat noch einige Restmittel, bevor er in Rente geht, und er ist gerade dabei, diese zu verteilen. Ich soll berücksichtigt werden, hat sie gesagt.«

»Das ist ja toll! Wieso hast du das Exposé nicht längst abgegeben? Hens hatte doch darum gebeten. Brauchst du immer eine Extraeinladung, noch dazu von der Verwaltungschefin?«

»Naja«, Lutz wiegte den Kopf hin und her. »Ich dachte, da ist sowieso nichts zu holen.«

»Und ob! Du siehst doch, was dir entgehen hätte können ...«

Heftig schüttelte Toni den Kopf. Kein Wunder, dass er fast seine gesamte dreißigjährige Forschung auf Basis von Sozialhilfe und Hartz IV gemacht hatte. Jetzt lag ein Standardwerk von ihm vor, er hatte einen internationalen Forschungspreis bekommen, doch finanziell profitiert hatte er nicht. Was war nur mit ihm los? Wie konnte man sein Leben der Wissenschaft widmen, ohne auch nur einen Tag an seine finanzielle Existenz zu denken?

»Heute und morgen mach' ich den Antrag fertig.«

»Na, dann schreib ihn auch. Am besten gleich auf Englisch, das ist gut für spätere Lektorats-Jobs. Um wie viele Monate geht es?«

»Sechs Monate sind geplant. Genügend Zeit, um die deutsche Fassung meines Buches fertigzustellen.«

»Ich glaub' es nicht. Jetzt trägt dir Hens das Geld sogar noch hinterher. Das gibt's ja nicht.«

»Ja, ich kann es auch kaum glauben.«

»Sechs Monate, und du musst nichts dafür tun, als ein kleines Exposé zu schreiben. Dann kannst du dich ganz deiner Forschung widmen, ohne Geldsorgen, ohne das Jobcenter im Nacken. Ich gratuliere!«

»... und Reise- und Tagungskosten kommen noch obendrauf.«

»Na, das ist wieder deine erste Sorge. Immer schön im Gespräch bleiben.«

Während Lutz offensichtlich zufrieden vor sich hin nickte, stand Toni auf, um sich selbst einen Kaffee zu holen; und als sie wieder vor ihm saß, sagte sie: »Diese Zusage ist ein Super-Grundstock für deine Selbstständigkeit. Jetzt kann das Jobcenter nicht mehr ablehnen, schließlich wirst du die ersten sechs Monate komplett unabhängig von dieser Behörde sein; und dann müssen sie dich wieder auffangen. Aber mit den sechs Monaten hast du schon bewiesen, dass deine Selbstständigkeit funktioniert. Besser geht es nicht.«

Toni fasste nach seiner Hand. Diese Neuigkeit ließ sie hoffen.

»Dann wird auch mein Antrag auf Existenzgründung klappen. Die werden mich nicht mehr vermitteln. Ich habe jetzt einen Termin. Die Vermittlerin wird Augen machen. – Lutz, lass uns heute Abend feiern.«

*

»Eine Katastrophe, Mama!«

Svenja rannte mit ihren Jeans in der Hand durch die Wohnung, eilte vom Wohnzimmer in ihr Kinderzimmer und kam wieder zurück.

»Ich hab' keine schwarzen Jeans mehr«, rief sie verzweifelt.

»Aber, du hältst doch eine in der Hand.«

Schon baute sich Svenja vor ihr auf, steckte den Finger durch ein Loch im Schritt der Hose, und ihr Blick gab Toni die Schuld. ›Ich hab's dir doch gesagt!‹, funkelten Svenjas Augen.

›Ja, die sind aber auch ganz schön verschlissen‹, dachte Toni beim Anblick des winkenden Zeigefingers.

»Wir gehen sofort in die Stadt«, erklärte Svenja. »Morgen brauche ich schwarze Jeans.«

Toni wollte sich wehren, doch sie brauchte sowieso eine Pause vom Computer. Ihr Kopf schwirrte von dem Antrag, an dem sie schon wieder arbeitete. Wegen der Augen bekam sie spätestens nach sechs Stunden Kopfschmerzen vorm Bildschirm, da war ihr jeder kleine Ausgang – und sei es in die Stadt – nur Recht.

Zehn Minuten später standen sie auf der Straße, und Svenja plante die Shoppingtour. Drogerie, Kaufhaus und Buchhandlung sollten abgearbeitet werden. Während Toni versuchte die Kaufwünsche im Rahmen zu halten, zählte Svenja auf: »Duschbad, Parfüm und mindestens zwei schwarze Jeans.«

Svenja schien guter Laune und voller Optimismus zu sein, jedenfalls wollte ihr Toni diese Freude nicht nehmen, und doch ...

»Parfüm vergisst du mal besser. Du kannst dir gern unter meinem Parfüm eins aussuchen. Ich habe genug davon, aber ein eigenes Parfüm ist ein größeres Geschenk und Geburtstagen und Weihnachten vorbehalten, das kostet schließlich dreißig Euro aufwärts.«

Einsicht war durchaus gegeben bei ihrer Tochter, stellte Toni fest, als diese nickte.

»... aber zwei schwarze Jeans und am besten noch eine blaue ...«

Zum Glück war Toni so schlau gewesen, vor dem Einkauf noch einen Blick in Svenjas Kleiderschrank zu werfen, da lagen noch drei der erwünschten blauen Jeans, was Toni nun Svenja zu bedenken gab: »Vier Jeans reichen, drei blaue hast du. Wir kaufen noch eine schwarze dazu ...«

Nun musste sie ihrer Tochter aber auch ein Angebot machen, um nicht selbst knausrig dazustehen und fügte hinzu: »Aber dafür schauen wir nochmal nach ein, zwei Kapuzen-Hoodies, bald wird Herbst.«

Toni kam der Geschmack ihrer Tochter sehr zupass. Anstatt sich feminin aufzutakeln, hüllte sich Svenja in dunkle Oversize-Klamotten, die wesentlich leichter zu kombinieren und preiswerter waren, was wiederum dafür sorgte, dass Svenja weniger Kleidung forderte und Toni für diese nicht zu tief in die Tasche greifen musste. Diesen Geschmack musste sie von ihr geerbt haben. Denn auch ihre eigene Aversion gegen überfüllte Kaufhäuser kombinierte sich gut mit Tonis Geldnot. Sie kaufte höchstens ein-, zweimal im Jahr Klamotten, ansonsten betrat sie Kaufhäuser nur, wenn ihre Tochter etwas brauchte.

Manchmal stand das Glück eben auf ihrer Seite, dachte sie und warf ihrer Tochter einen liebevollen Blick zu; während diese sich in ausführlichen Erzählungen über ihre Schule, die Freundinnen, die AGs und das Training erging. Das waren ihre gemeinsamen Momente: Mutter und Tochter auf dem Weg in die Stadt, während Svenja sie teilhaben ließ an ihren ganz persönlichen Erfahrungen außerhalb von Tonis Reichweite. Seit früher Kindheit hatten sie es so gehalten, dass Svenja ihr wenigstens einmal am Tag ausführlich erzählte. Noch vor einem Jahr hatte sich Toni dafür eigens vor dem Schlafen eine halbe Stunde Zeit genommen. Doch nun war ihre Tochter zu selbstständig und zu beschäftigt, weshalb die gemeinsamen Spaziergänge, die Einkäufe oder der gemeinsame Weg zum Training zum mündlichen Austauschprogramm avancierten, das beide sehr genossen.

Toni hatte dagegen nicht viel zu erzählen. Was sollte sie auch erzählen, wenn sie täglich sechs bis zehn Stunden an einem Antrag schrieb? Das sah ihre Tochter ja auch. Und vom Jobcenter wollte Toni nicht berichten, diese Probleme waren nichts für die Ohren eines Teenagers, der von der Zukunft träumt. Gern hätte auch sie beigetragen, doch ihre Tochter umging die Gegenwart; und wenn sie genug davon hatte, selbst zu erzählen, dann fragte sie ihre Mutter nach deren Jugend, ein unendliches Thema. Doch heute tat sie nichts dergleichen. Sie hatte es Toni mit der Diskussion um ihre Einkäufe nicht schwer gemacht, sie machte es ihr nie schwer. Stattdessen schwieg ihre Tochter plötzlich, schien sich zu winden und sagte dann: »Mom, es macht nichts, dass wir nicht so viel Geld haben.«

Toni schluckte. Schon seit längerem – stellte sie nun fest – hatte ihre Tochter damit aufgehört, ihr aufzuzählen, was andere Kinder alles hatten. In der Grundschule war das stets ein Thema gewesen. Jetzt besuchte Svenja ein Gymnasium, für das sie einen Aufnahmetest hatte bestehen müssen. Ihre Tochter befand sich in einem Umfeld, das man getrost Elite nennen konnte, denn es waren die Söhne und Töchter von Intellektuellen, Juristen, Ärzten, Promovierten, die mit ihr in eine Klasse gingen. Das schien Svenja zu denken zu geben – auch wenn sie ihre Freundinnen im häuslichen Umfeld besuchte, große helle Kinderzimmer, Haus mit Garten, all das, was Toni ihr nicht bieten konnte, sah sie da. Toni war erleichtert gewesen, dass Svenja sich für eine Freundin entschieden hatte, deren Familie man nicht als überdurchschnittlich wohlhabend bezeichnen konnte; und sie hatte gehofft, dass der Unterschied zwischen Arm und Reich noch eine Weile von Svenja abtropfte.

»Weißt du, mein Mädchen«, erwiderte Toni. »Manchmal muss man sich eben entscheiden.« Ernst blickte sie ihre Tochter an, die sich plötzlich eng an sie schmiegte.

»Wieso?«

»›Wozwischen?‹, musst du fragen«, und sie setzte zu einer Erklärung an: »Entweder man sucht sich einen Beruf, mit dem man viel Geld verdient. Auch so ein Job kann erfüllend sein, ja, aber die persönlichen Ambitionen muss man trotzdem in die Freizeit verlagern. Man verdient viel Geld, damit man in seiner Freizeit das machen kann, was man eigentlich tun möchte; aber die Freizeit ist sehr begrenzt, wenn man vierzig Stunden in der Woche arbeitet. Oder man entscheidet sich gleich, das zu tun, was man wirklich tun will. Dann muss man aber unter Umständen damit leben, dass man weniger Geld hat.«

»Das macht nichts«, wiederholte Svenja noch einmal; und Toni fügte hinzu: »Ich habe mich entschieden, Wissenschaftlerin zu werden und das Leben der Leute zu studieren und zu beschreiben. Das ist meine Leidenschaft, und das ist neben einem Job und nur in der Freizeit nicht machbar. Mir ist diese Freiheit sehr wichtig; und ich weiß, was ich von dir verlange, wenn du dich eben auf vier Jeans beschränken musst und nicht sofort Parfüm bekommst.«

»Ach, Mama, du bist so toll.« Die Aufrichtigkeit in Svenjas Stimme erstaunte Toni einmal mehr. »... und wir haben ja alles«, fügte ihre Tochter hinzu, als müsse sie ihre Mutter trösten und nicht umgekehrt.

»Ich bin stolz auf dich«, erwiderte Toni. »Eine bessere Tochter könnte ich mir gar nicht wünschen ... Und für Jeans, Kapuzen-Pullover und den Drogerie-Einkauf reicht es ja auch, oder?«

*

Partys am Institut waren nicht Tonis Sache. Zu viel Smalltalk mit wichtigen Leuten. Aber die Tatsache, dass Lutz die nächsten sechs Monate versorgt war, machte sie so optimistisch, dass sie gegen ihre Gewohnheit einwilligte und Lutz auf die

Party begleiten wollte. Schließlich hatte er eine Erfolgsmeldung zu verbreiten, sein Antrag für die nächsten sechs Monate war innerhalb von einem Tag von Hens bewilligt worden.

Dieses Gespräch, an einem Sonntag am Peißnitzhaus, zu dem Lutz Professor Hens an ihren Tisch geholt hatte, war von Erfolg gekrönt gewesen, mehr, als es Toni sich jemals gewagt hätte zu erträumen. Netzwerk war alles, und Lutz' Verbindungen waren großartig, obwohl er ihr überließ, im Hintergrund die Strippen zu ziehen. Lutz und sie waren ein super Team.

Auf dem Grill lagen gut gewürzte, dünne Beefsteak-Scheiben, aus der Institutskasse finanziert, dazu Salate aller Art, die Studenten und Doktoranden mitgebracht hatten. Purer Luxus für Toni und Lutz. Geld war also da, nur griffen eben zu viele zu.

Beim Essen vermied Toni allzu klare Aussagen über ihr eigenes Fortkommen. Das lief gut, schließlich wurden in diesem Kreis Fragen nach Karriereaussichten, die jeden interessierten, gut verpackt. »Was planst du als Nächstes?«, oder: »Wie lange hast du noch?«, erkundigte man sich, um herauszufinden, ob und welche Eisen der Andere im Feuer hatte. Toni reagierte wie all diejenigen, bei denen es gerade nicht so gut lief. Sie verwies auf jüngste Forschungen und Gespräche mit Zeitzeugen, die sie wieder aufgenommen hatte, sowie Publikations- und Projektpläne. Weitere Fragen, wie »Wo willst du den Antrag einreichen?« oder »Wer wird diesen Antrag unterstützen?«, ließen sich wahrheitsgemäß beantworten; und so blieben die Gespräche an der Oberfläche, in der Scheinwelt einer erfolgreichen Wissenschaftler-Community. Finanzielle und daraus resultierende familiäre Probleme wurden in allgemeinem Konsens ausgeblendet, so war das Gesetz, obwohl diese Probleme doch die Mehrheit der Anwesenden betrafen. Unbefristete Stellen hatte nur die Handvoll Professoren, alle anderen hangelten sich wie Lutz und Toni von Job zu Job und von Stipendium zu Stipendium, mit mal kürzeren mal längeren Phasen der Einkommenslosigkeit.

Daran würde sich für die Mehrheit der hier Anwesenden auch nichts ändern, schließlich kamen auf die drei Institutsprofessoren mehrere Dutzend Nachwuchswissenschaftler. Doch Scheitern, auch temporär, war Schwäche; und schwache Wissenschaftler bekamen keine Stelle. Erfolge musste man präsentieren, also musste man sich auch erfolgreich geben. So trug jeder die Lüge des eigenen Erfolgs vor sich her, auch wenn ihm gerade das Geld für die Winterschuhe des eigenen Kindes fehlte. Lutz winkte ihr zu. Sie entdeckte ihn glücklich in einer Gruppe um Professor Hens. Das war ihr gerade zuviel, und so setzte sie sich zu Eduard und Brigitte, zwei Doktoranden, die kurz nach Toni ihre Dissertationen begonnen, diese aber noch nicht abgeschlossen hatten. Gerade Eduard schien alles Mögliche zu tun, nur nicht an seiner Diss schreiben, weshalb man ihm zähneknirschend eine Verlängerung seines Projektes eingeräumt hatte, ein viertes Jahr. Anscheinend konnte er sich gut verkaufen.

»Na, dein Antrag ist abgelehnt?«, fragte er, noch während sich Toni auf den Stuhl setzte. Am liebsten wäre sie gleich wieder aufgesprungen. Woher wusste er das?

»Lutz hat es eben erzählt.«

Er schien ihre Frage erraten zu haben; und trotz Fluchtinstinkt wusste Toni, in diesem Kreis musste sie Haltung bewahren.

»Es reicht eben nicht, eine gute Idee zu haben, man muss sie auch verkaufen können«, setzte Eduard nach.

»Wirst du jetzt zynisch?«, fragte Toni, die einfach nicht fassen konnte, mit welcher Arroganz ihr Eduard da begegnete.

»Zynisch? Du hast kritisiert, dass ich nicht vorankomme. Aber *ich* habe eine Verlängerung.«

Aha, das war es also. Eduard hatte ihr die Kritik übelgenommen – und da war ihm Lutz' Geständnis ein gefundenes Fressen.

»Hens hat auch komisch geguckt. Das sei er nicht gewohnt von dir, hat er gesagt.«

Konnte Lutz nicht mal sein Maul halten? Musste er vor Hens und den Kollegen auspacken? Wütend blickte Toni zu Lutz hinüber, der heftig gestikulierend in eine Diskussion verstrickt schien. Wie oft hatte sie ihn gebeten, nicht gegenüber Professoren über ihre Probleme zu schwatzen? Netzwerk hin oder her, es konnte auch schaden, wenn man sich nicht positiv ausdrückte. Warum hatte er nicht auf den Folgeantrag verwiesen?

»Du weißt doch, dass es mehr gute Anträge als Bewilligungen gibt. Was wunderst du dich da?«

»Ah ja, und jetzt möchtest du sagen, dass dein Antrag zu den guten gehört hat?«

»Sicher. Ich hatte auch ein positives Gutachten. Trotzdem ist der Antrag aussortiert worden.«

Es war eigentlich untypisch, wie Eduard auf den Busch klopfte in diesem Kreis. Deshalb schockierte es sie, dass er derart konfrontativ redete. An sich war es Sache der Wissenschaftler, zu schweigen, wenn jemand scheiterte. Das Schweigen der Kollegen war die Höchststrafe; und dieses Schweigen hatte Toni schon oft beobachtet. Offene Konfrontationen, außerhalb von Vorträgen, wurden dagegen vermieden. Das höchste Lob war, positiv erwähnt zu werden. Mehr war ideell nicht zu erwarten; und genau das hätte Lutz tun sollen, auf ihre Forschung verweisen, anstatt von einem abgelehnten Antrag zu palavern.

»Vielleicht hast du einen Fehler gemacht?«, bohrte Eduard weiter.

»Und welcher soll das sein?«, fragte Toni nun wütend. Was maßte sich dieser ewige Doktorand an? War er neidisch, weil Toni seit zwei Jahren die Promotion in der Tasche hatte und er vielleicht nicht wusste, wie er mit seinem Text weiterkommen sollte? Er kannte doch die Probleme. Er hatte selbst einen Sohn. Schon deshalb sollte er endlich loslegen mit seiner Arbeit.

»Also ich gehe, wenn mein Stipendium abgelaufen ist. Ich suche mir dann einen ordentlichen Job. Was soll der ganze Ehrgeiz? Nur den Doktortitel, den nehm' ich mit. Wer weiß, wozu der nochmal gut ist.«

Aha, das war es also. Eduard war zutiefst frustriert, wovon auch immer. Vielleicht von seiner Unfähigkeit, einen ordentlichen Text zu verfassen; vielleicht auch von dem dürftigen Stipendium, das für eine dreiköpfige Familie kaum reichen konnte. Vielleicht saß ihm auch seine Frau im Nacken. Das System »Wissenschaft« hatte ihn an die Grenzen gebracht, noch ehe er sein erstes eigenes wissenschaftliches Projekt abgeschlossen hatte.

»Dann fahr deine Diss nicht gegen die Wand«, konterte sie. »Sonst wird es nichts mit Dr. Überfluss.«

Fehlte Eduard die Leidenschaft, mit der Lutz und sie für ihre Forschung brannten? Oder war diese Leidenschaft durch die Umstände ausgebrannt? Hatte er Recht, dass diese ganzen Ambitionen – für das, was man tat, zu leben – lächerlich waren?

»Das schaff' ich schon«, antwortete Eduard völlig überzogen, und Toni entwischte ein Grinsen über diese Selbstgefälligkeit. Dann stand Eduard mit den Worten auf: »Ich hol' mir noch ein Bier.«

»Was fällt dir ein, Hens von meinem abgelehnten Antrag zu erzählen?«

Toni hatte Lutz auf dem Weg zu einer anderen Runde abgepasst und stellte ihn zur Rede.

»Du machst mich ja völlig unmöglich vor den Professoren. Was geht die das an? Meinst du, die fördern mich noch, wenn du solche Hiobsbotschaften über mich verbreitest?«

»Beruhig dich«, fiel ihr Lutz ins Wort.

»... von dem neuen Antrag musst du reden ...«

»Hens kam selbst auf das Thema zu sprechen. Da konnte ich doch nicht lügen. Was sollte ich denn sagen?«

›Mist!‹, dachte Toni. Wieso musste sich Hens bei Lutz erkundigen, konnte er sie nicht selbst fragen? Wieso können sich die Leute nicht ein Bild von ihr machen, wenn sie mit ihr reden. Wieso holen sie Informationen immer über Dritte ein? Eine Scheißpraxis in der Wissenschaft!

»Du hast dich ja wieder verdrückt, als ich zu Hens bin«, warf Lutz ihr vor.

»Der soll mal mein Buch lesen, anstatt dich nach meinen Anträgen auszufragen«, regte sich Toni weiter auf. »Wie soll ich Empfehlungen für mein Projekt einholen, wenn bekannt ist, dass es schon mal abgelehnt wurde?«

Doch Lutz winkte nur ab.

»Lass mal. Hens' Antrag wurde letzte Woche auch abgelehnt. Er wollte eine Forschung nach seiner Pensionierung einwerben. Keine Chance.«

Diese Information wirkte wie eine Beruhigungspille auf Toni. Auch jemanden wie Hens traf es also. Doch dass sie sich von Eduard hatte abkanzeln lassen müssen, weil Lutz mit ihrem Problem hausieren ging, das bohrte weiter in ihr.

»Eduard hat herrlich gefeiert über diese Information, die du da völlig freigebig in die Welt gesetzt hast.«

»Es gibt immer Leute, die sich freuen, wenn bei anderen was schief läuft«, hielt er dagegen. »Eduard soll seine eigene Arbeit auf die Reihe kriegen ... Dort ist Professor Gutsch. Unterhalte dich noch gut. Ich gehe mal hin.«

Lutz fasste noch nach Tonis Arm. Dann ließ er sie mit ihrem Glas Wein einfach stehen. Betreten sah sie sich um. Die Lust auf Smalltalk war ihr vergangen. Die Band spielte auf, vielleicht sollte sie sich dort eine Pause gönnen?

*

›*Amazon*‹, dachte Toni, als sie von der Straßenbahnhaltestelle ihren Weg nahm, vorbei an den Platten dieser im Sozialismus aus dem Boden gezauberten Vorzeigesiedlung, ein Traum vom Fortschritt, Luxus und beste Versorgung für jedermann; jetzt Sammelbecken für sogenannte »sozial Schwache«, die jedoch – betrachtete man die Menschen auf der Straße realistisch – durchaus nicht »sozial« sondern vielmehr nur »finanziell« schwach waren, wie Toni auch. Für »sozial schwach« hielt Toni eher die Karrieristen und Raffer vor dem Herrn; da blendete das offizielle Vokabular, wie auch schon zu DDR-Zeiten.

Mittendrin in diesem einstigen Arbeiterparadies das Jobcenter mit seiner Drohung: Päckchenpacken zum Mindestlohn, wertvolle Lebenszeit – die sie mit Forschung ausfüllen wollte – verschwenden in einem stumpfsinnigen Vierzig-Stunden-Job.

Ja, für Schriftsteller war das manchmal verlockend, sogar zu DDR-Zeiten. »Bewährung in der Produktion« hieß damals die Strafe, die man Intellektuellen angedeihen ließ, deren Träume und Ideen der Partei zu hochfliegend, ja, staatsgefährdend idealistisch waren. Sich bewährend in der Produktion sollten diese Freigeister – den Härten des Arbeitsalltags ausgesetzt – wieder Realitätssinn entwickeln und zu politisch kohärenter Vernunft gelangen. Und viele Schriftsteller ergriffen diese Chance, als hätten sie sehnsüchtig auf diese Strafe gewartet, bekamen sie doch in der Produktion etwas mit vom Alltag und vom Leben der einfachen Leute in der DDR, fanden im Glücksfall Stoff für neue Bücher.

Das gab's auch heute noch. Ein wertvolles Mitglied der Gesellschaft verdiente mit Arbeitsleistung seinen und seiner Kinder Lebensunterhalt, egal, welche Arbeitsleistung er dafür erbringen musste, solange er gesundheitlich dazu in der Lage war. Das verlangten die Hartz-IV-Gesetze, und so sah es auch das Jobcenter. Die Bewährung in der Produktion, um dieser Vernunft zu folgen, hieß heute nur anders: »Erfolgreich vermittelt« würde dann eine Jobcenter-Mitarbeiterin in Tonis elektronischer Akte anklicken ... und schon war man verschwunden im Niedriglohnsektor, als mit Bestnoten promovierte Historikerin ... aber immerhin raus aus der Statistik, die in den Medien gefeiert wurde.

Bei allen Einsichten in die Realitäten der Arbeitswelt, die Toni eine zeitweilige Beschäftigung bei *Amazon* bieten würde; Bücher über *Amazon* gab es zuhauf, sowohl wissenschaftliche als auch Sachbücher; und Toni wusste von mindestens einem Roman. Für Tonis Bewährung in der Produktion musste sich das Jobcenter also schon etwas Besseres einfallen lassen ...

»... und wie sieht es aus mit Ihrem Antrag? Haben Sie eine Bewilligung?«

Die Jobcenter-Dame sah Toni an, als wüsste sie es bereits und hätte es immer gewusst.

»Nein, leider nicht.«

»Dann drucke ich Ihnen jetzt die Jobangebote von *Amazon* aus. Bewerben Sie sich binnen einer Woche und schicken Sie mir eine Kopie der Bewerbungsunterlagen zu. Dort werden immer Mitarbeiter gebraucht.«

›Stopp!‹, schrie es in Toni, doch die Eile, mit der die blondierte Mittfünfzigerin ihr vorschrieb, was sie zu tun hätte, machte sie sprachlos. Toni schnappte nach Luft, während der Drucker ansprang und laut dröhnend ein Papier nach dem anderen ausspuckte.

»Ich wollte mit Ihnen noch über eine Alternative sprechen«, erklärte sie schließlich viel zu zögerlich, worauf Frau Keppler nur die Augenbrauen hob.

›Jetzt schnell sein‹, dachte Toni und legte los.

»Ich möchte mich gern selbstständig machen, um mein Einkommen in einer freien Tätigkeit zu erarbeiten. Ich habe inzwischen Kontakte zu Universitätsinstituten und Verlagen geknüpft und könnte für diese Institutionen lektorieren. Außerdem kann ich Übersetzungen von Fachtexten und Literatur aus dem Russischen und Englischen anbieten, und sicher wird mir noch mehr einfallen, um meine Kosten zu decken.«

Die Dame sah sie an. Doch dann schüttelte sie den Kopf. Tonis Vorstoß gefiel ihr nicht, das erkannte sie sofort. Sie wollte ihre »Kundin« mit so wenig Mühe wie möglich loswerden und sich jetzt nicht noch in eine weitere Problematik einarbeiten müssen. Das war gut für ihre Vermittlungsquote, die wiederum ihr selbst den Job sicherte; und genauso reagierte sie auch.

»Selbstständig wollen sich viele machen, aber dafür müssten Sie vorab nachweisen, dass Sie mit ihrer Tätigkeit auch genügend Einkommen generieren können, um vollständig von uns unabhängig zu werden. Mal ehrlich ...«, fügte sie hinzu, »... der einfachere Weg wäre Ihre Bewerbung bei *Amazon*. Da sind Ihre Chancen so gut, dass Sie bereits im nächsten Monat in Lohn und Brot sein können. Für einen Business-Plan bräuchten Sie jetzt erst Zeit, und den überzeugend zu schreiben, das ist nicht leicht. Wir möchten Sie aber zügig in Arbeit bringen.«

Diesen Einwand hatte Toni erwartet. Sie fasste nach ihrem Rucksack und holte die Mappe mit ihrem Business-Plan hervor, sauber ausgedruckt, mit einer professionellen Kosten-Einkommens-Aufstellung. Dass ihre Planung bereits vorlag, war ihr Trumpf in der Hand.

»Ist erledigt«, konterte sie. »Ich kann sofort loslegen, und einen ersten Kunden habe ich auch schon. Das Lektorat einer Studie für das Historische Institut in Solau.«

Toni trug dick auf, denn sie verkaufte dem Jobcenter Lutz' Arbeit als Auftrag. Aber wollte sie ihn nicht sowieso darauf ansprechen, sein Lektorat zu übernehmen?

Frau Keppler verschlug es sichtlich die Sprache, und nun ließ Toni sie nicht mehr zu Wort kommen. Sie zählte drei Kolleginnen und Kollegen auf, die einen ähnlichen Weg gingen; verschwieg aber, dass alle drei aufstocken mussten. Stattdessen stellte sie diese als Erfolgsgründungen vor, die seit Jahren funktionierten. Dabei vergaß sie nicht zu erwähnen, dass öffentliche Forschungsinstitutionen ein Budget für Publikationskosten hatten und dieses unter anderem in Lektorate ihrer Veröffentlichungen investierten, was wiederum tatsächlich der Wahrheit entsprach. Sie unterschlug aber, dass bereits viel zu viele Lektorinnen nach diesen Aufträgen haschten. Und sie vergaß auch nicht, die vielen Doktorarbeiten zu erwähnen, die nach deutschem Recht veröffentlicht werden mussten, bevor der Promovend seinen Doktortitel rechtmäßig tragen durfte.

Unschlüssig griff die Jobcenterdame nach dem Ausdruck der *Amazon*-Papiere, legte sie zur Seite und nahm Tonis Business-Plan zur Hand. Toni spürte geradezu, wie ungelegen ihr der Vorstoß kam. Frau Keppler hatte sich schon als erfolgreiche Vermittlerin gesehen. War vielleicht eine Selbstständigkeit in den Augen dieser Behörde weniger wert?

»Sie müssen von uns unabhängig werden«, wiederholte sie noch einmal. Doch es klang etwas hilflos. »Wir wollen nicht, dass Sie letztendlich als Aufstockerin zu uns zurückkehren.«

Klar, eine Gründung kostete das Jobcenter Geld, das Einstiegsgeld, ein Job bei *Amazon* nicht. Der kostete höchstens Toni etwas, und was er sie kostete, das war in Geld nicht zu messen.

»Die Liquiditätsplanung liegt auch dabei«, erklärte Toni. »Dort ist alles genau aufgelistet.«

»Na gut«, gab sich Frau Keppler geschlagen. »Dann werden wir Ihren Business-Plan prüfen; und ich drucke Ihnen jetzt den Antrag für Ihr Einstiegsgeld aus. Dennoch erwarte ich, dass sie sich bis zur Bewilligung aktiv bewerben.« Und plötzlich nahm sie die *Amazon*-Papiere und ließ sie unter dem Tisch im Papierkorb verschwinden. Begeistert verfolgte Toni die resignierte Bewegung. Sie hatte gesiegt.

»Das schreit nach einem Kaffee-Latte und einem Stückchen Kuchen«, rief Toni begeistert ins Telefon und nahm huldvoll Lutz' Glückwünsche entgegen.

»Lass uns in der Stadt treffen. Ich lade dich ein.«

Lutz und Toni hatten sich schon vor Jahren vorgenommen, auch den kleinsten Erfolg – selbst wenn es nur mal wieder darum ging, den eigenen Kopf aus der Schlinge zu ziehen – mit einer kleinen Feier zu krönen. Und heute gab es einen Grund, zu feiern. *Amazon*, das Gespenst an Tonis Horizont, war vom Tisch. Sie konnte sich wieder ganz der Forschung widmen, ihren Zeitzeugeninterviews und den Veröffentlichungen, die sie als nächste plante. Lektorate würden sie daran nicht hindern. Im Gegenteil, die waren eine Bereicherung. Denn das Gleichgewicht zwischen Input und Output musste gewahrt bleiben, besonders, wenn man zu Hause arbeitete. So wie sie ihren Text aus sich herausarbeitete, so musste sie sich auch wieder mit Texten auffüllen. Lektorat war perfekt dafür, nicht den Anschluss an den wissenschaftlichen Diskurs zu verlieren und das eigene Allgemeinwissen aufzufrischen und zu ergänzen. Zwölf Monate würde sie – wenn das Einkommen gering blieb – mindestens dreihundert Euro mehr als Hartz IV haben. Aber warum sollte das Einkommen ausbleiben?

Nein, sie wollte optimistisch sein; und da war ja auch noch der Forschungsantrag, den sie nächste Woche in die Post geben wollte. Der konnte sie wieder ganz unabhängig machen.

*

Sechs Uhr am Morgen. Toni saß auf Svenjas Bett und streifte mit der Hand über ihren Arm.

»Aufstehen«, flüsterte sie und rüttelte sie leicht. Zum Glück musste sie nicht lange betteln. Svenja war morgens fit und stand nach einem Seufzer sofort auf.

Kurz darauf klirrte auch der Schlüssel in der Wohnungstür. Lutz kam, um das Frühstück zu machen, während Toni Brotbüchse und Trinkflasche für die Schule bereitete.

»Ich hab' heute Nachmittag einen Termin im Verlag«, sagte sie später in der Küche. »Die wollen mir Lektorate anbieten. Für Sachbücher hab' ich mich entschieden, da erfährt man Sachen, über die ich so vielleicht nie lesen würde. Du müsstest also nachmittags dein Handy bereitlegen.«

»Gut«, knurrte Lutz. »Das ist ja fast Zeitgeschichte, was du da lektorierst«, und beschäftigte sich damit, Tee aufzubrühen.

»... und heute Vormittag hab' ich ein Telefoninterview mit einer Zeitzeugin. Die ganze Palette der Nachwendezeit, Arbeitslosigkeit, Abwertung des Abschlusses, Niedriglohnsektor. Ich bin gespannt, wie sie das verarbeitet hat, was sie heute tut und was ihre Kinder machen.«

»... und dein Antrag?«, fragte Lutz.

»... fast fertig ... nächste Woche kann ich ihn einreichen. Genügend Material habe ich jetzt, um zu beweisen, dass das Projekt realistisch ist. Dann müssen wir hoffen ... Und du? Kommst du voran?«

Lutz schnitt die Brötchen auf, bevor er sie auf die Teller legte. Ein Dienst, den Toni immer abgelehnt hatte. Aber manches war Lutz nicht mehr abzugewöhnen.

»Ich habe gestern Abend wieder bis zwei Uhr gesessen.«

»Telefoniert, meinst du?«

»Das auch, aber auch am Manuskript gearbeitet. Ein harter Brocken, diese deutsche Fassung. Mir fällt es einfach leichter, meine Gedanken auf Englisch zu formulieren. Habe ja jahrzehntelang nur auf Englisch publiziert. Manchmal fehlen mir schon die deutschen Fachvokabularien. Ich lese auch fast nur noch Englisch, woher soll ich die deutschen Äquivalente nehmen?«

»Tja.« Toni grinste. »Der deutsche Wissenschaftler verlernt schon Fachdeutsch. Wenn du Mittel für Lektorate einwirbst, dann kann ich ja dein Manuskript in eine saubere Sprache übersetzen. Was hältst du davon?«

»Müssen *wir* jetzt auch noch Geschäfte machen?«

»Bin eben Geschäftsfrau geworden.« Toni entging sein Kopfschütteln nicht.

»Aber mal im Ernst. Fünfhundert Seiten zu lektorieren, das kostet viel Zeit. Dafür sollte man schon bezahlt werden. Schließlich brauche ich meine Zeit für Brot-Lektorate genauso wie für meine eigene wissenschaftliche Arbeit, die ich derzeit ja schon kostenlos mache. Da kann ich nicht wochenlang an deinem Manuskript sitzen. Wer soll dann das Geld für Svenja verdienen?«

»Na, gerade kriegst du Unterhalt; und überhaupt, *ich* kann dich ja bezahlen.«

»Abgelehnt!«

›Das geht gar nicht!‹, dachte Toni und sah ihn streng an. »Wenn wir jetzt das Geld zwischen uns hin und her schieben, dann wird es auch nicht mehr. Von außen müssen die Gelder kommen. Also, frag am Institut an. Die haben dir Publikationskosten versprochen, dann sollen sie noch was für Lektorat drauflegen. Nutze die Zeit, die du vom Institut gefördert wirst. Außerdem sehen sie dann, dass du dran bist, wenn du ihnen einen Text schon mal vorlegst; und unser Haushalt kann die Finanzspritze gut gebrauchen. Schließlich wirst zur Zeit nur du finanziert.«

»Ich weiß nicht, immer die Hand aufhalten?«

»So lange wir keine Stellen haben? So lange geht es nur so. Schlimm genug, dass wir um jeden Cent betteln müssen. Wenn du nicht mich als Lektorin hättest, dann müsstest du auch bezahlen. Es ist also ganz normal, Lektoratskosten mit einzuplanen.«

Toni winkte ab und verließ die Küche, um Svenja zur Eile zu mahnen. Sie fand sie vor dem Spiegel. Ihre Tochter drehte sich dort in hautengen Jeans und – Toni traute ihren Augen kaum – in dem ehemals schwarzen und jetzt batik-khakibraunen Shirt.

»Kackbraun«, hatte ihre Tochter gebrüllt und mit der Tür geknallt; und seither hatte Toni alles getan, um das Thema mit der versauten Wäsche zu meiden. Ihre Tochter war shoppen gewesen und hatte sich ausreichend mit Klamotten eingedeckt.

»Eigentlich ganz cool«, sagte Svenja jetzt und betrachtete das braungraue Muster, welches Lutz' Entfärbungsmittel vor einigen Wochen angerichtet hatte. Sie drehte sich von links nach rechts, und ihr Gesicht sah zufrieden aus.

»Ja, ganz cool«, bestätigte Toni sofort. »Das hat mit Sicherheit niemand in deiner Klasse.«

Svenjas böser Blick traf sie sofort im Spiegel.

»Glaub bloß nicht, dass ich dir verzeihe.«

Sie sah, dass Svenja die Hand hob, mit zwei Fingern auf ihre eigenen Augen zeigte und diese dann in Richtung Tonis Augen lenkte. ›Mir entgeht nichts von dem, was du tust‹, hieß diese Geste; was beide sofort zum Lachen brachte. Svenja fiel Toni um den Hals und gestand: »Du bist die beste Mami aller Zeiten.« Wo war heute der Zorn ihrer Tochter geblieben?

Und als sie am Frühstückstisch saßen, schien auch Lutz verblüfft, denn er fragte: »Du ziehst das an?«

»Ja«, zuckte Svenja mit den Schultern, und Toni lachte.

»Na, dann kann ich ja endlich wieder waschen.«

· Nachsatz ·

Drei Erzählungen, in denen es ganz gehörig menschelt, die vom ewigen Gerangel im akademischen Prekariat berichten. Ich bitte meine Leser, sie nicht als Anleitung zu verstehen, wie man seinen Nächsten fertigmachen und dabei ungeschoren davonkommen kann. Gemeint habe ich sie als Momentaufnahmen einer Leistungsgesellschaft, die von sich sagt, man müsse nur kämpfen, dann könne man alles erreichen. Nein, so stellt es die Realität nicht dar. Wer kämpft und wer sich bildet, ist noch lange nicht auf der sicheren Seite. Das akademische Prekariat macht einiges möglich – und es trifft nicht nur Sonderlinge. Vielmehr bestimmt es das Leben einer ganzen Generation junger Akademiker, nicht nur der Absolventen geisteswissenschaftlicher Fächer.

Mit dem Schreiben vorliegender Erzählungen waren jeweils Phasen geistigen Rückzugs nötig, welche toleriert wurden von meiner Familie und meinen Freunden. Dafür und für viel mehr danke ich Erato, Han, Krischan und Hans. Meinen Eltern, meinem Großvater und meiner Schwester danke ich für das finanzielle Sicherheitsnetz, das sie um mich herum aufgespannt haben.

Auch Testlesern und -hörern der Erzählungen möchte ich danken, zum Beispiel dem Halleschen Dichterkreis, Birgit und Gerit. Jost Heyder gestaltete nach den Erzählungen einen kämpferischen Ikarus, der sich Flügel anbindet, um leisten zu können, wofür der Mensch doch eigentlich nicht geschaffen ist. Ich danke ihm und seiner Frau Uta, die das Projekt lesend und beratend begleitet hat. Und wer mir Mut macht und meine Träume unterstützt, wie André, der ist in meinem Leben immer willkommen – danke sehr.

Dem Mitteldeutschen Verlag in Halle (Saale) möchte ich diese Erzählungen anvertrauen, damit seine Mitarbeiterinnen und Mitarbeiter – in gewohnt bewährter Weise – ein überzeugendes Büchlein daraus machen können. Habt Dank für Eure Liebe zur Arbeit am Buch ...

... und dieses widme ich nun denjenigen, die für sich entschieden haben, nicht mehr als einen Monat vorauszuplanen und dennoch zu träumen.

· Inhalt ·

Anna Sperk · **Die Hoffnungsvollen** · Roman
ISBN 978-3-95462-750-9 · 19,95 €

»Sperks Roman darf als ebenso authentisch wie exemplarisch gelten. Und zudem als mutig, widmet er sich doch geradezu einem Tabuthema.«
Detlef Färber, Mitteldeutsche Zeitung

Alex hat als Ethnologin früh gelernt, sich durchzuschlagen. Ein Abrisshaus ist preiswerte Bleibe, Ausgrabungen finanzieren ihr Studium und ihre Forschungen. Sie hangelt sich von Projekt zu Projekt, während Anträge zum Lottospiel verkommen. Eine unbefristete Stelle ist unerreichbar, und wenn sie ihrer Tochter ein halbwegs normales Leben bieten will, muss sie sich zwischen ihr und der Wissenschaft entscheiden.

Anna Sperk · **Neben der Wirklichkeit** · Roman
ISBN 978-3-96311-014-6 · 16,00 €

»Anna Sperk nötigt mir Hochachtung ab. Die Autorin kennt die Welt, über die sie schreibt, aus eigener Erfahrung. Das merkt man.«

Petra Steps, Freie Presse

Unter Schizophrenie zu leiden, ist für Julia bereits Hölle genug. Doch dann mutiert die Diagnose zur Frage um ihr Kind, und man stellt sie unter Generalverdacht ... Anna Sperk erzählt authentisch und mit feiner Ironie die Geschichte einer jungen Frau, die zwischen die Fronten ihrer Krankheit und der allgemeinen gesellschaftlichen Akzeptanz gerät, bis in ihr Engagement für die Sozialarbeit hinein.

Anna Sperk debütierte 2017 mit dem Roman »Die Hoffnungsvollen«, in dem sie ein kritisches Bild des Wissenschaftsbetriebs in Deutschland zeichnet und für den sie 2018 den Klopstock-Förderpreis für neue Literatur des Landes Sachsen-Anhalt erhielt. Ihr zweiter Roman »Neben der Wirklichkeit« (2018) setzt sich mit der Situation psychisch erkrankter Menschen in Deutschland und deren Stigmatisierung auseinander. Ihm folgt der Erzählungsband »... im fliegenden Wechsel. Geschichten aus dem Prekariat« als ihr drittes belletristisches Projekt im Mitteldeutschen Verlag.

Umschlagabbildung: »Ikarus hebt ab«, Jost Heyder, Erfurt
Foto: Falko Behr, Erfurt

© 2021 mdv Mitteldeutscher Verlag GmbH, Halle (Saale)
www.mitteldeutscherverlag.de

Gesamtherstellung: Mitteldeutscher Verlag, Halle (Saale)
Lektorat: André Schinkel, Halle (Saale)

ISBN 978-3-96311-398-7

Printed in the EU